Monta Alaine

Surreales Erzählen bei David Lynch

Narratologie, Narratographie und Intermedialität in *Lost Highway*, *Mulholland Drive* und *Inland Empire*

Monta Alaine

SURREALES ERZÄHLEN BEI DAVID LYNCH

Narratologie, Narratographie und Intermedialität in
Lost Highway, *Mulholland Drive* und *Inland Empire*

ibidem-Verlag
Stuttgart

Bibliografische Information der Deutschen Nationalbibliothek
Die Deutsche Nationalbibliothek verzeichnet diese Publikation in der Deutschen Nationalbibliografie; detaillierte bibliografische Daten sind im Internet über http://dnb.d-nb.de abrufbar.

Bibliographic information published by the Deutsche Nationalbibliothek
Die Deutsche Nationalbibliothek lists this publication in the Deutsche Nationalbibliografie; detailed bibliographic data are available in the Internet at http://dnb.d-nb.de.

Coverabbildung: Film MULHOLLAND DR./ Tele München Gruppe. Abdruck mit freundlicher Genehmigung.

Coverdesign: Valerie Kiendl, München.

∞

Gedruckt auf alterungsbeständigem, säurefreien Papier
Printed on acid-free paper

ISBN-13: 978-3-8382-0583-0

© *ibidem*-Verlag
Stuttgart 2015

Alle Rechte vorbehalten

Das Werk einschließlich aller seiner Teile ist urheberrechtlich geschützt. Jede Verwertung außerhalb der engen Grenzen des Urheberrechtsgesetzes ist ohne Zustimmung des Verlages unzulässig und strafbar. Dies gilt insbesondere für Vervielfältigungen, Übersetzungen, Mikroverfilmungen und elektronische Speicherformen sowie die Einspeicherung und Verarbeitung in elektronischen Systemen.

All rights reserved. No part of this publication may be reproduced, stored in or introduced into a retrieval system, or transmitted, in any form, or by any means (electronic, mechanical, photocopying, recording or otherwise) without the prior written permission of the publisher. Any person who does any unauthorized act in relation to this publication may be liable to criminal prosecution and civil claims for damages.

Printed in the EU

Ich danke Valerie, Prof. Fabienne Liptay, Lola und nicht zuletzt meinen Eltern Ruta und Juris für jedwede Unterstützung in Zeiten der Surrealität. Danke auch der Galerie Karl Pfefferle für die Bereitstellung von Bildmaterial.

Inhaltsverzeichnis

1. **Einführung: Surreales Erzählen – eine Begriffsannäherung** 9
   1.1. Neue Ansätze in der Erzähltheorie 9
      1.1.1. Der Autor David Lynch 9
   1.2. Wann ist eine Erzählung sur-real? 17
      1.2.1. Fiktionalität, Bewusstsein und Possible Worlds Theory 17
      1.2.2. Surreal[istisch]: der historische Surrealismus und sein Erbe 21

2. ***Lost Highway, Mulholland Drive* und *Inland Empire* als Vexierbilder des Unbewussten?** 31
   2.1. Verzahnung von Realitäts- und Zeitebenen und ihre Undurchschaubarkeit 31
   2.2. Lynchs Filme im Fadenkreuz der Psychoanalyse 34
   2.3. Psychologie als „Einstellungssache" bei Lynch 42
      2.3.1. Doppelgängermotiv und Spiegelung 42
      2.3.2. Raum 48
      2.3.3. Blick und Gesicht 52
   2.4. Einschübe unerklärlicher und unwirklicher Elemente 57
      2.4.1. Der „Mystery Man" in Lost Highway 57
      2.4.2. Die „Blue Box" und der Schlüssel in Mulholland Drive 59
      2.4.3 Die Hasen in Inland Empire 60
   2.5. Traumanalogie oder: Der Film als surreales kulturelles Symptom 65

3. **„Surreales Erzählen" bei David Lynch - (Im)possible Worlds** 71
   3.1. Selbst- und medienreferentielles Erzählen als Teil surrealen Erzählens 71
   3.2. Metalepse und *mise en abyme* als illusionsbrechende Stilmittel 76
      3.2.1. Aufnahmen der Überwachungskamera in Lost Highway 78
      3.2.2. Der Club Silencio in Mulholland Drive 80
      3.2.3. Film im Film in Inland Empire 83
   3.3. Montage als stilistisches Prinzip der Surrealität 86
   3.4. Mögliche Unmöglichkeit surrealen Erzählens 91

4. **Film – Kunst – Werk: Zur Narration, Rück- und Selbstbezüglichkeit sowie Intermedialität von Lynchs Kunst und Filmen** 93

5. **Fazit** 109

Anhang 113

I love going into another world,
and I love mysteries.
– David Lynch[1]

1. Einführung: Surreales Erzählen – eine Begriffsannäherung

1.1. Neue Ansätze in der Erzähltheorie

1.1.1. Der Autor David Lynch

Schon der Titel dieser Arbeit zeigt, dass sie einem bestimmten Autorenbegriff Lynchs geschuldet ist – in dem Bewusstsein, nicht von „Lynch" als realer Person, sondern vielmehr einer konstruierten Autoren-*Persona* zu sprechen, auch weitgehend unabhängig vom kollektiven Produktionsprozess eines Filmes. In der Tradition eines wiedererstarkten, wobei im Film nie so sehr wie in der Literatur „degradierten" und für tot erklärten Autorenbegriffs sollen demnach Modelle wie der implizite Autor vermieden werden. Ebenso wenig wird dem Vorschlag Chatmans gefolgt,[2] den Regisseur in Anführungszeichen zu setzen, um eine Differenzierung des realen Regisseurs und des „Autors" sichtbar zu machen. Es wird vielmehr ein Erkennen des *auteurs* Lynch als „Kulturprodukt",[3] als Summe der ihm zugeschriebenen Stilimplikationen und seiner „Handschrift" vorausgesetzt. Wie Jürgen Felix bemerkt, perspektiviert auch heute noch die Verbindung eines Namens bzw. Autors mit den ihm zugeschriebenen Werkmerkmalen unsere Wahrnehmung und Wertung, aber auch unser Interesse bezüglich eines Films. Beispielhaft stehen hierfür Namen wie Allen, Scorsese, Tarantino, Wenders – oder eben auch Lynch, denen gemeinhin schon vor Sichtung eines Films bereits Kunstwert, Ästhetik, „Coolness", ein cleverer Plot oder ähnliches beigemessen werden. Quasi als Querschnitt durch Form und Inhalt etabliert sich so eine *auteur*-Identität:

---

[1] Lynch, David (2007) *Catching the Big Fish. Mediation, Consciousness, and Creativity*, London: Penguin Group: 79.
[2] Vgl. Chatman, Seymour (1990) *Coming to Terms. The rhetoric of narrative in Fiction and Film*, New York: Cornell University Press: 88.
[3] Felix, Jürgen (2007) „Autorenkino", in: Felix, Jürgen (Hg.): *Moderne Film Theorie*, Mainz: Bender: 15.

Ist die auteur-Identität einmal etabliert, wird sie für den Kritiker fortan zum Interpretationsprinzip: Das Kriterium ›Regisseur‹ wird zum dominierenden Faktor für die Auseinandersetzung mit dem Film. Die damit implizierte Einheit des Gesamtwerks übersteigt dabei andere Fragen, etwa nach dem Genre oder der Studiopolitik.[4]

Schon lange steht Name für Qualität oder Inhalt, aber auch für Anti-Mainstream, Arthouse, Avantgarde. Autorenkino ist oftmals experimentell: Als einer der ersten Autorenfilme ist *Un chien andalou* (F 1928) der Surrealisten Luis Buñuel und Salvador Dalí zu nennen. Film dient somit als künstlerische Ausdrucksform des *auteurs*.[5] Auch im Fall von Lynch wird oftmals von Surrealismus gesprochen, seine Filme gelten als schwer verständlich und noch schwerer verdaulich, düster, unheimlich.[6] Und er trägt zu diesem Image noch bei, indem er keinerlei Interpretationshilfen zu seinem Werk beisteuert.[7]

Diese Arbeit möchte sich auf die Spuren dieses *surrealen Erzählens* begeben, wobei noch einmal betont sei, dass es hierbei um eine Untersuchung und Analyse eines surrealen, spezifischen *Stils* in Anklang an den historischen Surrealismus gehen soll, der aus den Filmen *Lost Highway* (F/USA 1997), *Mulholland Drive* (F/USA 2001) und *Inland Empire* (F/PL/USA 2006) hervorgeht und sich Lynch somit gewissermaßen *zuschreiben* lässt, nicht aber um biografische oder intentionale Bezüge zum realen Autor *per se*.[8]

---

[4] Kamp, Werner (1999) „Autorenkonzepte in der Filmkritik", in: Jannidis, Fotis et al (Hg.): *Rückkehr des Autors. Zur Erneuerung eines umstrittenen Begriffs*, Tübingen: Nemayer (= Studien und Texte zur Sozialgeschichte der Literatur Bd. 71), 441-464, hier: 446.

[5] Vgl. Felix 2007: 21ff.

[6] Vgl. Lueeken, Verena (5.12.2009) „Wo Schneemänner über ihre Zukunft rätseln", in: *Frankfurter Allgemeine Zeitung*.

[7] Vgl. u.a. Lynch (2007: 19): „A film should stand on its own. It's absurd if a filmmaker needs to say what a film means in words."

[8] Vgl. hierzu auch Höltgen, Stefan (2001: 7f) *Spiegelbilder. Strategien der ästhetischen Verdopplung in den Filmen von David Lynch*, Hamburg: Kovač: „... um Biografismus- und Intentionalismusvorwürfen im Vorfeld zu begegnen – nicht dazu dienen, Interpretationsversuche zu legitimieren, sondern pointiert darauf hinweisen, dass der Autor zwar in die Erzählung zurückgekehrt ist, jedoch als jemand ohne gesonderte Befugnisse. Desweiteren muss darauf hingewiesen werden, dass die untersuchten Filme nicht allein als ästhetischer Output des Autoren David Lynch untersucht werden sollen, sondern - eben ganz im Sinne Astrucs – auch als Beiträge zu einer filmgewordenen Filmtheorie: so verstanden kann es durchaus hilfreich sein, Lynchs Aussagen zu seinem Werk zu den Untersuchungen hinzuzuziehen – jedoch als die Aussagen des Filmtheoretikers Lynch."

1.1.2. Medienspezifisch-filmisches und digitales Erzählen

Die in neuen Ansätzen bereits als „traditionell"[9] bezeichnete Erzähltheorie hatte in erster Linie Literatur zum Untersuchungsgegenstand. Ziel war es, geprägt von Gérard Genettes Theorie, Texte vor allem unter dem Gesichtspunkt der zeitlichen Ordnung sowie des Modus und der Stimme zu analysieren: Im Mittelpunkt stand die zeitliche Anordnung einer Handlung und die Frage nach ihrer erzählerischen Vermittlung.[10] Dieses Konzept hat Seymour Chatman versucht, auf den Film als „erweiterten Text" anzuwenden, nicht ohne eine gewisse *medial blindness*:[11] Es ist nicht möglich, eine Theorie von einem Medium direkt auf ein anderes zu übertragen, ohne die mediale Spezifik zu berücksichtigen. Dies sollte sich insbesondere am von Wayne Booth entwickelten Konstrukt des impliziten Autors zeigen,[12] welches Chatman in seiner Theorie fruchtbar zu machen versuchte. Er schwächte die Problematik aber ab, indem er die Verwendung von Begriffen wie *text instance* vorschlug.[13] Kritisch wurden diese wie auch Christian Metz' strukturalistische Ansätze vor allem auf neo-formalistischer Seite von David Bordwell betrachtet, der sich für einen kognitiven Ansatz filmischer Erzähltheorie aussprach:

> I suggest, however, that narration is better understood as the organization of a set of cues for the construction of a story. This presupposes a perceiver, but not any sender, of a message. [...] A text's narration may emit cues that suggest a narrator, a "narratee" [...] or it may not. This explains the range of examples, and the asymmetrical structures, that we often find: some texts do not signal a narrator, or a narratee; others signal one, but not the other.[14]

---

[9] Vgl. Nünning, Ansgar/ Vera (Hg.) (2002a) *Erzähltheorie transgenerisch, intermedial, interdisziplinär*, Trier: WVT Wissenschaftlicher Verlag Trier (= WVT-Handbücher zum literaturwissenschaftlichen Studium, Bd. 5): 6.
[10] Vgl. Genette, Gérard (1998) *Die Erzählung*, München: Fink.
[11] Ryan, Marie Laure (1991) *Possible worlds, artificial intelligence, and narrative theory*, Bloomington: Indiana Universitiy Press, darin insbesondere Hausken, Liv (2004) „Textual Theory and Blind Spots in Media Studies", 391-403.
[12] Vgl. Booth, Wayne (1983) *The rhetoric of fiction*, Chicago: University of Chicago Press.
[13] Vgl. Chatman 1990, v.a.: 83ff.
[14] Bordwell, David (1985) *Narration in the fiction film*, London: Methuen, 1985: 62.

Stil ist für Bordwell, so bemängelt Garrett Stewart, infolgedessen „mostly a bonus, an add-on, an adjunct to structure"[15] und somit nicht entscheidend zur Konstitution von Logik oder Narrativität; Diese entstehen im Zusammenspiel von Struktur und *cues* erst im kognitiven Prozess.[16] Stewart schlägt dahingehend vor, Film vor allem unter Einbezug des (digitalisierten) Bildes zu sehen und lesen:

> To recenter cinematographic style or technique in this way, as more like a definitive medial function, is thus to suggest the narratographic purchase within narratology – and, once again, to tap the medium-specific precisions associated with a given disciplinary object. Cinematography, inscription, textuality: these are what manifest in process the work of discourse as storytelling, with a narrativity that must [...] be read even when viewed. These graphic practices are what narratography must engage.[17]

Während Narratologie hier als strukturelles Analysehilfsmittel zur Beschreibung eines Plots dient, soll die Narratographie seine „Spannungen" und Widersprüche offenlegen – sowohl im Bild als auch textuell.[18] Der Narratographie geht es dabei mehr um eine materielle, vor allem auch mediale Betrachtung der Erzählung auf ihrer Mikroebene, bei der Stil, Bildsprache und textuelles Lesen Hand in Hand gehen sollen.[19] Ausschlaggebend ist, dass Film im Gegensatz zur literarischen Erzählung nicht nur sprachlich erzählt (z.B. durch *Voice-Over*), sondern als mimetisches Medium Handlungen und Entwicklungen *zeigt* und ihm deswegen nicht zwingend ein Erzähler beigemessen werden *muss*:[20] „Eine narratologische Grundlagenforschung hat sich also vorrangig mit den Konstituenten, der Kohärenz und den allgemeinen, z.B. funktionalen Kennzeichen von Erzählwelten und nicht so sehr mit deren Vermittlung zu

---

[15] Stewart, Garrett (2007) *Framed Time. Toward a postfilmic cinema*, Chicago: Univ. of Chicago Press: 25.
[16] Vgl. ebd.
[17] Ebd.: 26.
[18] Vgl. Ebd.: „in a specific mode of textuality, whether visual or verbal"
[19] Vgl. Ebd.
[20] Vgl. hierzu auch Ryan (2004: 13): „Those theoreticians who regard the presence of a storyteller performing a verbal act of narration as an essential condition of narrativity recuperate mimetic narrative by ascribing these forms to a nonhuman narratorial figure, such as the ghostly "grand-image-maker" of film theory. But the narrativity of mimetic forms could also be defended by regarding them as virtual stories."

befassen."[21] Film nutzt sowohl visuelle als auch auditive Kanäle und changiert dabei kontext- und aussagenabhängig – dies kann sowohl gleich- als auch gegenläufig geschehen. Das Kontrastieren von Bild und Ton kann beispielsweise Ironie erzeugen.[22] Die filmische Vermittlung folgt nicht, wie Michaela Bach bemerkt, grammatikalisch festgeschriebenen Regeln:[23] Formale Mittel können von Film zu Film eine andere erzählerische Funktion einnehmen, was wieder zum Stil und zu den Überlegungen Stewarts zurückführt. Mit diesen sowie weiteren unten aufgeführten Ansätzen zur neueren Erzähltheorie des Films möchte vorliegende Arbeit nicht nach *einer* oder *der* erzählerischen Instanz suchen (was ebenso wie bei Dominik Orth letztlich auf Ununterscheidbarkeit hinausführen würde)[24], sondern vielmehr betrachten, welche erzählerischen Mittel in Lynchs Filmen bedient werden und *wie* sie zur surrealen Wirkung beitragen.

Inzwischen kann, wie Nünning ausführt, nicht mehr nur von einer Narratologie, sondern durch die Entwicklung von weiterführenden kognitiven, feministischen u.a. Erzähltheorien von *mehreren* Narratologien gesprochen werden.[25] Gegenüber den ursprünglich strukturalistischen und formalistischen Ansätzen bemühen neuere Theorien sich darum, nicht vorrangig Textstrukturen modellhaft zu untersuchen, sondern mehr kontextuell, inhaltlich und vor allem medienabhängig vorzugehen.[26] Neben dem oben bereits erwähnten *Framed Time* Garrett Stewart's (2007) sprechen sich u.a. insbesondere Ansgar und Vera Nünning (2002), Werner Wolf (2002), Nicole Mahne (2007), Nina Heiß (2011) sowie Marie-Laure Ryan (2004) für eine vom jeweiligen Medium abhängige Erzähltheorie aus.

---

[21] Wolf, Werner(2002) „Das Problem der Narrativität in Literatur, bildender Kunst und Musik: Ein Beitrag zu einer intermedialen Erzähltheorie", in: Nünning, Ansgar&Vera (Hrsg.): *Erzähltheorie transgenerisch, intermedial, interdisziplinär*, Trier: WVT Wissenschaftlicher Verlag Trier (= WVT-Handbücher zum literaturwissenschaftlichen Studium Bd. 5), S. 23-104: 31.
[22] Vgl. Heiß, Nina (2011) *Erzähltheorie des Films*, Würzburg: Königshausen&Neumann (= Film – Medium – Diskurs, Bd. 38), 38-49.
[23] Bach, Michaela (1999) „Dead Men – Dead Narrators", in: Grünzweig, Walter/Solbach, Narr Verlag, S. 231-246, hier: 242.
[24] Vgl. Orth, Dominik (2005) *Lost in Lynchworld. Unzuverlässiges Erzählen in David Lynchs 'Lost Highway' und 'Mulholland Drive'*, Stuttgart: Ibidem, 48-57.
[25] Vgl. Nünning, Ansgar/ Vera (Hg.) (2002b) *Neue Ansätze in der Erzähltheorie*, Trier: WVT Wissenschaftlicher Verlag Trier (= WVT-Handbücher zum literaturwissenschaftlichen Studium, Bd. 4), 11f.
[26] Vgl. Ebd,: 22f.

Ins Blickfeld rücken dabei im Zuge der Digitalisierung auch Untersuchungen zur Narration von Computerspielen und eines sog. „postfilmischen" Kinos sowie der Hyperfiktion,[27] wobei die Erzählung hier in ihrer spezifischen Vermittlung durch Links mehr eine räumliche denn eine lineare darstellt und sie von Interaktivität getragen wird.[28] Ich möchte davon ausgehen, dass das Aufkommen „digitaler Erzählungen" in Kombination mit technisch-visuellen neuen Möglichkeiten für das digitale Kino nicht nur dieses, sondern auch die Erzählweise des noch koexistenten analogen Films beeinflusst.

Evident wird dies z.B. an filmisch umgesetzten Spielformen der *possible worlds* nach Ryan (1991), welche Analogien zu Levelstrukturen oder Rollenspielen aufweisen. Zu *Cinema in the digital age* (2009) schreibt Nicholas Rombes:

> The ability to move or to rag frames – literally to shift data from one database to another – has a profound impact not only on the way movies are made, but on the way they are experienced. Recombinant films of the digital era, such as Go, Run Lola Run, Memento, Inland Empire, or episodes of 24, are the direct result of thinking made possible by digital technologies.[29]

Erzählweisen wie diese finden sich jedoch auch in auf Celluloid gedrehten Filmen wieder, allen voran Filme wie *Inception* (Christopher Nolan, USA 2010), auch *Lost Highway* und *Mulholland Drive* dienen hierfür als Beispiele. Interessant an Lynchs Œuvre ist in diesem Zusammenhang, dass *Inland Empire* als einziger von Lynchs Filmen digital gedreht wurde – selbst die Verwandlungsszene in *Lost Highway* wurde durch Maske und Schnitt und ohne digitale Nachbearbeitung bewerkstelligt.[30] Es finden sich aber dennoch bereits bei *Lost Highway* und *Mulholland Drive* Reflexionen und Fragestellungen evoziert durch die Technisierung, wie zu zeigen sein wird.

---

[27] Vgl. Rombes, Nicholas (2009) *Cinema in the Digital Age*, London:Wallflower, Stewart 2007
[28] Vgl. Seibel Klaudia (2002) „Cyberage-Narratologie: Erzähltheorie und Hyperfiktion", in: Nünning, Ansgar&Vera (Hrsg.): *Erzähltheorie transgenerisch, intermedial, interdisziplinär*, Trier: WVT Wissenschaftlicher Verlag Trier (= WVT-Handbücher zum literaturwissenschaftlichen Studium Bd. 5), 217-239, hier:119 ff.
[29] Rombes 2009: 36.
[30] Vgl. Pizzello Stephen (o.J.) *Highway to Hell. Cinematographer Peter Deming lends creepy noir ambience to director David Lynch's latest detour, Lost Highway*, in: http://www.thecityofabsurdity.com/losthighway/intlhdeming2.html, o.J (01.02.2014)

Zudem ergeben sich für den Film seit seiner digitalen Aufbereitung in Form von DVD und BluRay neue, wenn man sie so bezeichnen will, erzählerische Möglichkeiten in Form von Bonusmaterial (wobei z.B. bei der vom Regisseur kommentierten Fassung ein weiteres Mal evident wird, wie zentral der *auteur*-Begriff für die Rezeption von Filmen ist!). Filme sind in Kapitel gegliedert und können „aufgebrochen" rezipiert werden, der Text als Titel eines Kapitels oder als Untertitel gewinnt an neuer Bedeutung.[31] Bei Lynch führt dies im Bonusmaterial von *Mulholland Drive* sogar so weit, dass er den Zuschauer fragt,[32] welche Bedeutung ein roter Lampenschirm habe, der im Film auftaucht – ein intertextueller, wahrscheinlich sogar ironisch-selbstreferentieller Verweis auf die eigene Uninterpretierbarkeit, der zu wilden Spekulationen in Internetforen führte. In jedem Fall zeigt diese Anekdote Lynchs Offenheit den neuen bzw. weiterentwickelten Medien gegenüber, seit *Inland Empire* hat er nach eigener Aussage gar ganz mit dem Celluloid-Film abgeschlossen:[33]

> I'm through with film as a medium. For me, film is dead. […] I'm shooting in digital video and I love it. […] You have forty-minute takes, automatic focus. They're lightweight. And you can see what you've shot right away.[34]

Wie oben schon angesprochen, erlaubt die Verwendung digitaler Techniken, sowie auch der allgemeine Einfluss von Technisierung wie zum Beispiel der des Internets, raffiniertere und verglichen mit dem klassischen Hollywoodkino „unkonventionellere" Plots – man denke beispielsweise an *Matrix* (Andy/Lana Wachowski, USA 1999) oder *Fight Club* (David Fincher, USA 1999). Der klassische Plot, so Bordwell, zeigt einen Protagonisten, der vor eine Herausforderung gestellt wird, die es zu bewältigen gilt, am Ende erreicht er seine Ziele – oder eben nicht. Diese Storys verlaufen, von Flashbacks z.B. in Form von Träumen abgesehen, linear, oftmals auf zwei Ebenen: Meist wird der Heldengeschichte noch ein zweiter Erzählstrang beigefügt.

---

[31] Vgl. Rombes: 41.
[32] Im Folgenden wird zu Gunsten der einfacheren Lesbarkeit sowohl für die männliche als auch die weibliche Form die männliche Form als geschlechtsneutrale verwendet.
[33] Vgl. hierzu auch Lynch in Kennealy, Christopher: *Side by Side* 2012.
[34] Lynch 2007: 149.

Die Erzählung/der Erzähler, wenn es denn einen gibt, weiß meist mehr als der Zuschauer und ist „highly communicative and moderatly self-conscuious"[35]: Wenn etwas ungewöhnliches (eine Auslassung z.b.) geschieht, wird der Zuschauer darauf hingewiesen, der Film bietet sich eher selten selbstreflexiv dem Publikum als solcher dar.[36] Was Bordwell 1985 noch als *Art Cinema Narration* beschrieb, hält seit etwa Mitte der 90er auch im „Mainstream"-Kino Einzug, was nicht zuletzt auch der Digitalisierung zuzuschreiben ist. „We could say that the syuzhet here is not as redundant as in the classical film; that there are permanent and suppressed gaps; that exposition is delayed and distributed to a greater degree […]"[37], gerade seit den 80ern neigen Filme immer mehr zu Selbst- und Autoreflexivität, zum Aufgriff ihrer eigenen Geschichte und Genrekonventionen, ebenso wie sich Ästhetik (z.B. „Videoclip-Ästhetik" bei Oliver Stones *Natural Born Killers*, USA 1994, oder Persiflage z.B. bei Jim Abrahams *Hot Shots,* USA 1991) und Rezeptionshaltung der Zuschauer veränderte.[38] In der Folge bildeten sich gegenüber dem klassischen Hollywoodfilm neue Erzählformen aus, die oft unter *Unzuverlässigem Erzählen* subsumiert werden:[39] Filme, die anfangs entscheidende Informationen vorenthalten (*The Sixth Sense,* M. Night Shyamalan USA 1999) oder solche, die am Ende durch einen *final plot twist* alles bis dahin Geschehene umkehren. Auch multiperspektivische Erzählungen wie Kurosawas *Rashômon* (J 1950) stehen ihrer Zeit voraus paradigmatisch hierfür.[40] Wie Nina Heiß nach Genette folgert:

> Der klassische Film rückt etwa die Ebene der erzählten Geschichte in den Vordergrund, während der Akt der Narration verschleiert wird. Der avantgardistische bzw. der postklas-

---

[35] Bordwell 1985: 160.
[36] Vgl. ebd.
[37] Ebd.: 205.
[38] Vgl. Felix Jürgen (Hg.) (2002a) *Die Postmoderne im Kino. Ein Reader*, Marburg: Schüren, 9.
[39] An dieser Stelle soll lediglich auf den Diskurs zu unzuverlässigem Erzählen verwiesen werden im Rahmen einer filmgeschichtlichen Entwicklung eines „unkonventionellen" Erzählens gegenüber dem des klassischen Hollywoodkinos. Von einer weiteren Erläuterung der Schwierigkeit einer Positionierung einer unzuverlässig Erzählenden Instanz sei abgesehen und verwiesen auf Liptay, Fabienne/ Wolf, Yvonne (Hg.) (2005) *Was stimmt denn jetzt? Unzuverlässiges Erzählen in Literatur und Film*, München: Ed. Text+Kritik.
[40] Vgl Heiß 2011: 50ff; Liptay/Wolf 2005: 14f.

sische Film verlagert hingegen die Aufmerksamkeit – beispielsweise anhand der dargestellten Strategien von Ironie, erzählerischer Unzuverlässigkeit und Autoreferenzialität – auf die Ebene der Narration oder auf die Ebene der Erzählung.[41]

Daraus erfolgt, dass Zuschauer sich an solche „unkonventionellen Konventionen" gewöhnen – heute wird Autoreflexivität oftmals schon erwartet, das allgemeine Medienbewusstsein ist ein gesteigertes. In einer solchen Erzähl- und Rezeptionshaltung stechen *auteurs* wie Greenaway und Lynch heraus, die noch einen Schritt weitergehen, die Erzählung radikalisieren: es wird unklar, was denn nun eigentlich erzählt wird, was ist Fiktion im innerfilmischen Sinne, was „real", was Traum, was sur-real?

1.2. Wann ist eine Erzählung sur-real?

1.2.1. Fiktionalität, Bewusstsein und Possible Worlds Theory

Eines der Grundelemente eines künstlerischen Erzähltextes, so Schmid, ist seine Fiktionalität: Fiktive, ausgedachte Gegenstände, Personen und Handlungen werden als wirklich dargestellt.[42] Bei Fiktion handelt es sich folglich um fiktionale Imagination, die sich in einem Werk manifestiert und ihren Rezipienten in Form einer „Als-ob"-Erzählung offen zugänglich gemacht wird.[43] Dem Zuschauer ist durchaus klar, dass er nicht einer realen, faktualen Geschichte beiwohnt, für die Dauer der Erzählung lässt er sich jedoch auf die idiosynkratischen Gesetzmäßigkeiten der ihm präsentierten Welt in Form eines „Fiktionalitätspakts"[44] ein. Dieses Eintauchen, die Immersion oder auch akzeptierte Illusion eines *make-believe* der präsentierten Welt wird gerade im avantgardistischen postklassischen Kino versucht zu unterwandern: Durch die Verwendung von zum Beispiel selbstreferentiellen Verfahren wie der Metalepse kann die Fiktionalität des Filmes herausgestellt und der Rezeptionsfluss beeinträchtigt werden.[45]

---

[41] Heiß 2011: 57, Hervorhebungen im Original.
[42] Vgl. Schmid, Wolf: *Elemente der Narratologie*, Berlin/NY: Walter de Gruyter 2008, 26f.
[43] Vgl. Koch, Gertrud/ Voss, Christiane (Hg.) (2009) *„Es ist, als ob". Fiktionalität in Philosophie, Film- und Medienwissenschaft*, München: Fink, 8.
[44] Heiß 2011: 59.
[45] Vgl. ebd.: 53-56.

Für viele Theoretiker ist die Darstellung fremder Innenwelten ein explizites Zeichen von Fiktionalität in der Literatur.[46] Filme, die innere Vorgänge thematisieren, werden in neueren Ansätzen unter dem Genre des *Bewusstseinsfilms* zusammengefasst. Der Film nutzt hier sein Potential der Ebenentransgression und der Multiperspektivität, indem er Bewusstsein, das als vorranging visuell agierendes betrachtet wird, visualisiert. Im Regelfall wird der Übergang ins Bewusstsein durch Markierungen, wie zum Beispiel Nahaufnahmen des schlafenden Protagonisten vor einem dargestellten Traum, ersichtlich gemacht. Dies kann aber im Fall der progressiven Variante, wie Oliver Jahraus sie bezeichnet, zu Gunsten eines Effekts des oben erläuterten unzuverlässigen Erzählens vermieden werden.[47] Zum Verhältnis von Bewusstsein und Realität in Zusammenhang mit Medialität schreibt er weiterhin:

> In dem Moment, in dem das Bewusstsein als Medienebene eingeführt und entfaltet wird, dynamisiert sich das Verhältnis von Bewusstseinsebene und Realitätsebene. Realität wird somit von ihrem Charakter, real zu sein, befreit; sie wird statt dessen zu einer Funktion des Bewusstseins. Es ist nicht Realität, die über Realität entscheidet, sondern das Bewusstsein. Aufgrund der Medialität des Bewusstseins wird die Realität als Bewusstseinsfunktion zugleich zu einem Medieneffekt.[48]

Der Film selbst kann, indem er Bewusstsein medial zur Schau stellt, als ein konstruiertes Modell von Bewusstsein betrachtet werden – Bewusstsein und Medialität treten somit in Wechselwirkung, mehr noch: „Die Medialität des Bewusstseins erzeugt zugleich das Bewusstsein der Medialität."[49]

Die erzähltheoretische *possible worlds theory* zur Untersuchung eines surrealen Erzählens hinzuzuziehen ist insofern sinnvoll, da sie sich den Zusammenhängen von Wahrheit und Fiktion sowie textuellen Welten und Realitätsebenen widmet.[50] Grundannahme der philosophischen Theorie der möglichen Welten ist, dass unsere

---

[46] Vgl. Schmid 2008: 34f.
[47] Vgl. Jahraus, Oliver (2004) „Bewusstsein: wie im Film! Zur Medialität von Film und Bewusstsein", in: ders (Hg) *Wie im Film. Zur Analyse populärer Medienereignisse*, Bielefeld: Aisthesis, S. 77-99, hier: 82.
[48] Ebd.: 94.
[49] Ebd.: 98.
[50] Vgl. Ryan, Marie-Laure (1991) *Possible worlds, artificial intelligence, and narrative theory*, Bloomington: Indiana Universitiy Press, 3.

erlebte Wirklichkeit nur eine unter einer Vielzahl an möglichen Welten ist. Dinge hätten somit anders verlaufen oder sich in eine andere Richtung entwickeln können, und unsere Welt ist diejenige aller möglichen Welten, welche aktualisiert wurde.[51] Vertreter eines moderarten Realismus gehen davon aus, dass unsere *actual world AW* als Referenzwelt fungiert, in deren Abhängigkeit mentale Konstrukte – oder auch in Anklang an oben: Bewusstseinsformen (Träume, Wünsche, Hypothesen etc.)[52] – als *possible worlds PW* stehen, ebenso wie die alternativen Welten fiktionaler Texte, welche der *AW* untergeordnet sind. Für Anhänger eines Modalrealismus besteht diese Abhängigkeit nicht, die *PW* existieren gleichberechtigt und unabhängig nach eigenen Gesetzmäßigkeiten.[53]

Die diesem Konzept entlehnte und u.a. von Marie-Laure Ryan (1991) oder Lubomir Doležel (1998) vertretene Erzähltheorie versteht infolge dessen fiktive Texte, ob nun literarische oder filmische, als Teil eines möglichen Universums, bestehend aus möglichen Welten, die unsere Welt „umkreisen" („satellites"[54]). Diese sind nun laut Ryan selbst *textual actual worlds TAW*, die wiederum, ebenso wie unsere *AW*, *textual alternative possible worlds TAPW* in Form von mentalen Konstruktionen beherbergen. Wie im Zusammenhang mit Fiktion schon herausgestellt wurde, geht auch Ryan davon aus, dass der Rezipient für die Dauer der Immersion in eine *TAW* als *APW* selbst eine neue Welt und ihre Möglichkeiten entdeckt.[55] Für eine solche „mentale Reise"[56] bedarf es einer gewissen Zugänglichkeit (*accessability*), so dass der Lesende/ Schauende/ Hörende/ Spielende sich auf die Möglichkeit und die Gesetzmäßigkeiten der dargebotenen Welt einlassen kann. Diese kann konstituiert werden durch Kohärenz zwischen der *AW* und der *TAW*, beispielsweise in Inventar, Chronologie, physikalischen Gesetzen oder Sprachlichkeit, kurz: Die „betretene" Welt sollte Similarität zu unserer aufweisen oder ihre Gesetzmäßigkeit sollte klar sein:[57]

---

[51] Vgl. Suhrkamp 2002: 154.
[52] Vgl. Ryan 1991: 20.
[53] Vgl. Suhrkamp. Carola (2002) Narratiologie und *Possible-Worlds Theory*: Narrative Texte als alternative Welten, in: Nünning Ansgar/Vera (Hg.) *Neue Ansätze in der Erzähltheorie*, Trier: WVT Wissenschaftlicher Verlag Trier (= WVT-Handbücher zum literaturwissenschaftlichen Studium, Bd. 4), S. 153-182, hier: 156.
[54] Ryan 1991: vii
[55] Vgl. ebd.: 22.
[56] Vgl. ebd: 32.
[57] Vgl. ebd.: 31-33.

> In der Modallogik wird darunter [Zugänglichkeit, M.A.] die Einhaltung logischer Gesetze, d.h. die Erfüllung von Widerspruchsfreiheit und des Grundsatzes der ausgeschlossenen Mitte (excluded middle), verstanden. Eine mögliche Welt ist von der actual world aus zugänglich, wenn sie in sich keine Widersprüche enthält; z.B. kann eine Proposition in einer möglichen Welt nicht gleichzeitig wahr und falsch sein, sondern muss entweder wahr oder falsch sein.[58]

Im Grunde genommen handelt es sich bei Fiktionen, so die *Possible Worlds Theory*, immer um Konstruktionen *möglicher* (Innen)Welten, deren Wahrheitsgehalt innerhalb der Erzählung als gegeben angenommen werden muss. Die *accessability* müsste, so Suhrkamp, bei dem Entwurf solcher unlogischer Welten erweitert werden –[59] was in Extremfällen wie bei David Lynch schwer fällt oder gar unmöglich ist. Die angenommene mögliche Welt entpuppt sich folglich als eine unmögliche – oder möglicherweise in ihrem fiktional-filmischen Status als eine selbstreferentiell möglich-unmögliche („there is no such thing as an impossible world"[60]), also *surreale* – so der Leitgedanke der Arbeit.

Weiterhin stützt Ryan die im Kapitel zu digitalem Erzählen bereits angedeutete These, Erzählen sei von Technisierung beeinflusst und wirft die Analogie „Text als Maschine" auf.[61]

> Analogies derived from the computer field shape my approach to narrative in more general ways. Computer aficionados share with literary semioticians and avant-garde authors a predilection for puns, trompe-l'oeils, paradoxes, serial constructs, Chinese boxes, permutations, transformations, in short, for any game played with symbols – be they bits, bytes, pixels, numbers, letters, words, or sentences. Many of the formal structures and textual phenomena that fascinate practicioners and theorists of postmodernism have parallels in computer languages, computational theory, or computer architecture. The literary practice of mise-en-abyme finds an echo in recursivity, the process by which a computer program activates a copy of itself.[62]

---

[58] Suhrkamp 2002: 155.
[59] Vgl. ebd.: 164f.
[60] Ryan 1991.: 31.
[61] Vgl. ebd.: 8.
[62] Ebd.

Letztlich kann man in Bezug auf die *possible worlds* – gerade im Kontext der filmischen Erzählung – auch sprechen von „virtuellen" Welten ob ihrer Fiktionalität.

1.2.2. Surreal[istisch]: der historische Surrealismus und sein Erbe

„Surreal" versieht sich im Kontext der Arbeit nur *teilweise* als in konkretem Zusammenhang mit dem historischen Surrealismus stehend vielmehr als filmisches Stilmittel, welches zwar Topoi des Surrealismus aufgreift, aber nicht in konsequenter Weiterführung dessen steht. Richardson spricht von einem *eternal surrealism* der immerwährend ist, den die Surrealisten aufgriffen und ihn auch gewissermaßen weiterentwickelten.[63] Was zeichnet *das Surreale* in Zusammenhang, Weiterentwicklung oder auch Abspaltung vom *historischen Surrealismus* aus? Um eine Grundlage für die Untersuchung des Surrealen bei David Lynch zu schaffen, soll dies skizziert werden. Der historische Surrealismus definiert sich als eine avantgardistische Bewegung, die vor allem durch den Einfluss des ersten Weltkrieges und der Psychoanalyse 1919-1939 ins Rollen kam.[64] Der Begriff „surrealistisch" fiel erstmals 1917 in Zusammenhang mit dem von ihm selbst so bezeichneten „surrealistischen Drama" *Les Mamelles de Tirésias* von Gilloume Apollinaire, der neben Rimbaud und Lautreámont als Einfluss und Vordenker der Surrealisten gilt. Hauptvertreter dieser, spätestens mit dem *Manifeste du Surréalisme* 1924, selbsternannten Bewegung waren als Wortführer und Verfasser des Manifests André Breton sowie Louis Aragon und Paul Eluard.[65] Gezeichnet, wenn nicht gar traumatisiert, vom ersten Weltkrieg, erstmals konfrontiert mit Massenvernichtung und einer Realität, die selbst unwirklich erschien, sind die Heimkehrer ergriffen von einem „radikalen Nihilismus", wie Nadeau es in seiner ersten, relativ zeitnah nach Auflösung der Bewegung erschienenen *Geschichte des Surrealismus* 1945 schreibt.[66] Weiterhin findet der Surrealismus seine Wurzeln im Dadaismus, dessen Bewegung, ebenso geprägt vom ersten Weltkrieg, gesellschaftliche und kulturelle Normen sowie Kunst per se radikal in Frage stellte.[67]

---

[63] Richardson, Michael (2006) *Surrealism and cinema*, Oxford/New York: Berg, 4.
[64] So sagte Breton selbst: „Ich bestehe auf der Tatsache, dass der Surrealismus als historisches Ereignis nur in Beziehung zum Krieg verstanden werden kann, sowohl in bezug auf 1919, wo er anfängt, als auch auf 1939, wo er sich selbst einholt." Zit. nach Nadeau, Maurice (2002) *Geschichte des Surrealismus*, Reinbek: Rowolt, 220.
[65] Vgl. Waldberg, Patrick (1965) *Der Surrealismus*, Köln: DuMont, 7ff.
[66] Vgl. Nadeau 2002:13.
[67] Vgl. Nagel, Joachim (2007) *Wie erkenne ich? Die Kunst des Surrealismus*, Stuttgart: Belser, 6ff.

Der Surrealismus fand seinen Ausdruck zuallererst in der Literatur in Werken wie Bretons *Les Champs Magnétiques* (1920) und *Nadja* (1928) oder Aragons *Le Paysans de Paris* (1926). Mithilfe unter anderem der Methode der sogenannten *écriture automatique*, bei der die Dichter versuchten, sich in einen tranceähnlichen Zustand zu versetzen und möglichst ungezwungen und assoziativ zu schreiben, ohne bewusstes Beachten von Grammatik oder Sinn, wollten sie Unbewusstes zum Vorschein bringen. In seinem ersten Manifest von 1924, auf das noch zwei weitere folgen sollten, gibt André Breton erstmals eine konkrete Definition:

> SURREALISMUS, Subst., m. – Reiner psychischer Automatismus, durch den man mündlich oder schriftlich oder auf jede andere Weise den Wirklichen Ablauf des Denkens auszudrücken sucht. Denk-Diktat ohne jede Kontrolle durch die Vernunft, jenseits jeder ästhetischen oder ethischen Überlegung. [...] Der Surrealismus beruht auf dem Glauben an die höhere Wirklichkeit gewisser, bis dahin vernachlässigter Assoziationsformen, an die Allmacht des Traumes, an das zweckfreie Spiel des Denkens. Er zielt auf die endgültige Zerstörung aller anderen psychischen Mechanismen und will sich zur Lösung der hauptsächlichen Lebensprobleme an ihre Stelle setzen.[68]

Ziel der surrealistischen Bewegung war Erkenntnisgewinn in allen Bereichen des Logikfernen und Rätselhaften und damit einhergehend Umwälzung des *Status quo*: Traum, Wahnsinn, Unterbewusstsein – gerade nach Einfluss Sigmund Freuds bahnbrechender Traumdeutung 1900, waren die Bereiche, die mithilfe künstlerischer Ausdrucksformen in das Leben integriert werden sollten.[69] Als erstes Sprachrohr der Surrealisten fungierte die Zeitschrift *Littérature*, deren Inhalt vielmehr als anti-literarisch bezeichnet werden kann. Veröffentlicht wurden, wie später 1924-1929 in *La révolution Surréaliste*[70] vor allem Poesie, surrealistische Texte, Befragungen, automatische Schriften und Traumprotokolle.[71]

Im Zentrum stand dabei, wie der Titel der zwölf erschienen Ausgaben zeigt, von Anfang an die Revolution, und gemeint war hier vor allem eine Revolution des Geistes,[72] des Denkens, der Moral, welche die Surrealisten als Begrenzung empfanden:

---

[68] Breton, André (2009) *Die Manifeste des Surrealismus*, Reinbek: Rowolt, 26f.
[69] Vgl. ebd.: 50.
[70] Vgl. *La révolution surréaliste*. Coll. Compl. (1975), Paris: Place.
[71] Vgl. Waldberg 1965: 12.
[72] Vgl. Nadeau 2002: 80.

> Der Surrealismus ist nicht noch eine künstlerische Richtung mehr. Der Surrealismus stellt eine Revolution des Lebens und der Moral dar. Wenn der Surrealismus die üblichen Verfahren der künstlerischen Aktivität Malerei, Poesie usw. benutzt, so nur, um sie in den Dienst der Wünsche Leidenschaften und Bilder zu stellen, die verkannt, geheim, verboten und oft grausam durch das Gewissen des Menschen verurteilt sind. Wir Surrealisten benutzen die künstlerischen Verfahren als ein Mittel des Ausdrucks und der Mitteilung der Welt der konkreten Irrationalität; aber wir machen aus diesen Ausdrucksmitteln keinen Selbstzweck, wie das die Ästheten tun. Gerade aus diesem Grunde verachten wir keineswegs die akademischsten, anachronistischsten und die künstlerisch in Verruf gekommenen Techniken und Verfahren, wenn diese die wirksamsten für die Mitteilung unserer Visionen sind.[73]

Künstlerische Mittel wie die Malerei sollten also ebenso im Dienste der Revolution stehen, und ähnlich wirken wie die *écriture automatique*, sie sollten nach *Innerem* streben, innerlich Erlebtes nach außen tragen und lebensfähig machen.[74] Der Künstler, der für Breton einer surrealistischen Kunst am nächsten kam, war Max Ernst.[75] Seine *Collage-*, *Frattage-* und *Frottage*-Verfahren ermöglichten es, gänzlich ohne bewusste Leistung, wie Ernst selbst es formulierte „als *Zuschauer* der Entstehung meiner Werke beizuwohnen."[76]

Ein Werk kann, so die Conclusio der Debatte um Malerei und Surrealismus ab 1925, nur dann als surrealistisch gelten, „wenn der Künstler sich bemüht hat, den psychologischen Bereich in Gänze auszumessen."[77] Mithilfe Salvador Dalís Methode der kritisch-paranoischen Aktivität sollte das Irrationale erobert,[78] in Rationales überführt und somit im Bildinhalt deutbar und manifest gemacht werden.[79] Mit Dalís Worten war es eine „méthode spontanée de connaissance irrationelle basée sur l'association interpretative-critique des phénomenès déliarants."[80] Das Systematisierende, der Wahn bzw. die Paranoia, wie die Surrealisten sie verstanden haben, sollte als kritische und sortierende Instanz der freien Assoziation beiseite stehen.[81]

---

[73] Dalí in Matthes/ Stegmann 1974: 74f.
[74] Vgl. Picon, Gaëtan (1988) *Der Surrealismus. 1919-1939*, Genf: Edition d'Art Albert Skira, 90.
[75] Vgl. Waldberg 1965: 72.
[76] Ebd.
[77] Ebd: 81.
[78] Vgl. Dalí in Descharnes, Robert (1984) „*Die Eroberung des Irrationalen*". *Dali. Sein Werk – Sein Leben*, Köln: Dumont, 129.
[79] Vgl. Dalí in Matthes/ Stegmann 1974: 268.
[80] Ebd. 429.
[81] Vgl. Gorsen, Peter ebd.: 429-431.

Letztlich ging es den Surrealisten darum, mithilfe besagter Mittel eine totale Umwälzung zu erreichen und die Schranken, welche die Ratio ihrer Meinung nach dem Menschen auferlegt hatte, niederzureißen.[82] Es ging ihnen um eine Gleichstellung von Innen- und Außenwelt, von Traum, Phantasie und Realität, ist doch laut Aragon in seiner *Traumwoge* (1924),[83] die innere Welt eine ebenso erfahrbare wie die äußere.

Schnell wurde jedoch klar, dass diese Revolution, welcher der Surrealismus sich verschrieben hatte, in ihrer Totalität nicht nur eine rein poetische oder geistige bleiben konnte. Aus der *révolution surréaliste* wurde *Le surréalisme au service de la révolution*, die 1929-1933 erschien, und zwangsweise erfolgte auch eine Hinwendung der Surrealisten zur Politik: „Die politische Haltung der Surrealisten, zu Beginn anarchistisch gefärbt, zögerte nicht, sich auf die linksextremen, dem Marxismus verpflichteten Parteien zu konzentrieren."[84]

Die sich unterscheidenden politischen Einstellungen der einzelnen Mitglieder bedeuteten am Ende auch ihre Auflösung. Der Marokkokrieg und die politische Situation in Osteuropa zwangen die Mitglieder zur Auseinandersetzung, Breton wurde sich der „relativen Unzulänglichkeit" des Wirkens der Gruppe bewusst und begrüßte die russische Revolution.[85] Er versuchte Politik und surrealistische Gesinnung zusammen zu bringen[86] und wandte sich dem Kommunismus zu, was gleichsam sein Abwenden von Aragon und Eluard bedeuten sollte.[87]

Hierin zeigt sich zuletzt auch das Scheitern des surrealistischen Unterfangens, fand es sich am Ende doch auf allzu Weltliches und Politisches rückgekoppelt. Der Versuch eines „von der Materie" losgelösten Denkens, ein absoluter Automatismus oder Surrealismus, stößt sich letztlich immer am Menschlichen, wie auch der Titel Man Rays Fotografie *Le primat de la matière sur la pensée* (1931) nahelegt. Auch was

---

[82] Vgl. Bürger 1996: 68.
[83] Vgl. Aragon, Louis (2007) „Une vage de rêves", in: ders.: *Œuvres poétiques complètes*, Paris: Gallimbard, 79-95.
[84] Waldberg 1965: 16.
[85] Vgl. Nadeau 2002: 100.
[86] Vgl. Bürger, Peter (1996) *Der französische Surrealismus*, Frankfurt a.M.: Suhrkamp, 34-38.
[87] Vgl. Waldberg 1965: 16.

das Ästhetische angeht, so holte der Surrealismus sich gewissermaßen selbst ein, besonders deutlich wird dies am Beispiel Dalís, der in seiner Methode letztlich ein Erfolgsrezept begründet sah.[88]

Das viel zitierte „Schön wie die ungewöhnliche Bewegung einer Nähmaschine und eines Regenschirms auf dem Seziertisch"[89] Leautréamonts, das zum Inbegriff surreal[istisch]er Ästhetik werden sollte, beinhaltet in der Willkür der „unvernünftig" und assoziativ zusammengeführten Gegenstände doch gerade auch das Konstruierte und eben nicht Willkürliche jener Zusammenführung, wie auch Bürger feststellt: „Festgelegt auf Zusammenstellung des Nicht-Zusammengehörigen mit der Absicht, beim Aufnehmenden einen Schock zu erzeugen, unterliegt die surrealistische Kunst einem Wiederholungszwang, den der Reichtum möglicher Kombinationen nur verdeckt."[90]

Diese Kritikpunkte tun dem nachhaltigen Wirken des Surrealismus, mag sein revolutionärer Gedanke auch in einer Sackgasse geendet haben, jedoch keinen Abbruch. Im Gegenteil: Durch seine Konzentration auf Innerpsychisches eröffnete er dem künstlerischen Schaffen eine gänzlich neue Ebene, wie sich auch am Film zeigt.

Im Film sahen die Surrealisten das Mittel schlechthin, Unterbewusstes, Unsichtbares oder Unwirkliches zu verbildlichen, als „Instrument der Poesie,"[91] also Surreales im Realen zu finden und abzubilden, besser als es mit der Malerei je möglich sei.[92] Gerade die Technik der Montage und Überblendung ermöglicht dem Film, surreale Schock-Effekte zu Tage zu bringen, Träume oder Phantasien zu zeigen. Trotz immenser Begeisterung der Surrealisten für das Kino gibt es dennoch nur wenige Werke, die explizit dem Surrealismus zugerechnet werden. Als Vorläufer sind aufzuführen *La Coquille et le Clergyman* von Germaine Dulac, nach dem Drehbuch von

---

[88] Vgl. Gorsen, Peter in Matthes/ Stegmann 1994: 424.
[89] Lautréamont, Isidore Ducasse comte de (1890) *Les Chants de Maldoror*, Kindle-Edition: „comme la rencontre fortuite sur une table de dissection d'une machine à coudre et d'un parapluie!"
[90] Bürger 1996: 80.
[91] Buñuel, Luis (1991) *Die Flecken der Giraffe. Ein- und Überfälle*, Berlin: Wagenbach,
[92] Vgl. hierzu auch Schneede, Uwe M. (2006) *Die Kunst des Surrealismus. Malerei, Skulptur, Dichtung, Film,* München: Beck, 177

Antonin Artaud (F 1928) oder Man Rays *Étoile de la mer* (F 1928).[93] Als *das* surrealistische Werk schlechthin vermag aber erst Dalís und Buñuels *Un chien andalou* (F 1929) gelten. Der *Schock* wird hier schon in der viel zitierten Anfangssequenz zelebriert: Das Auge einer Frau wird mit einer Rasierklinge durchschnitten, ein Schnitt, der paradigmatisch schon für das gesamte Werk steht.[94] Ohne klare Handlungslinie werden hier assoziativ Szenen aneinandergereiht, bzw. aneinandergeschnitten.[95]

> We wrote with minds open to the first ideas that came into them and at the same time systematically rejecting everything that arose from our culture and education. They had to be images that would surprise us and that we would both accept without discussion. Nothing else.[96]

sagte Buñuel selbst zur Entstehung *Un chien andalou*s. Und die Systematik, die sich hinter surrealistischer „assoziativer" Arbeitsweise verbirgt, wird auch hier wieder evident: Jene *open-mindedness*, die sie nutzen, unterliegt auch gleichzeitig einer Beschränkung. Denn „*rejecting*" müssen die Bilder sein, provozierend, die Moral der Bourgeoise beleidigend und angreifend. In ihrem zweiten gemeinsamen surrealistischen Film, *L'Âge d'Or* (F 1930), trieben sie dieses Spiel noch weiter. Buñuel sah den Film als „eine wunderbare und gefährliche Waffe, wenn ein freier Geist ihn handhabt,"[97] und als solche handhabten er und Dalí ihn auch. In einem Genre-Mix aus Dokumentation, Pseudo-Historie und Melodram kritisieren sie bürgerliche und christliche Moral in anti-kleritalem Gestus, indem sie Episoden der Begierde und des *amour fou* aneinanderreihten,[98] die in nichts geringerem als in einer Anspielung auf de Sades *120 Tage von Sodom* enden.

---

[93] Vgl. Stiglegger, Marcus (2002/2007) „Surrealismus", in: Koebner, Thomas (Hrsg.) *Reclams Sachlexikon des Films*, Stuttgart: Reclam, 699.
[94] Vgl. Schneede 2006: 196-198.
[95] Vgl. Short, Robert (2008) *The Age of Gold. Dalí, Bunuel, Artaud: Surrealist Cinema*, Los Angeles: Solar Books, 72.
[96] King, Elliott H. (2007) *Dalí, Surrealism and Cinema*, Harpenden: Kamera Books.
[97] Buñuel, Luis (1964) *Poesie und Film*, Kotulla, Theodor (Hg.) in: *Der Film. Manifeste Gespräche Dokumente. Band 2: 1945 bis heute*, 263-268, hier: 265.
[98] Vgl. Stiglegger 2007: 699.

Von einer detaillierten Inhaltsangabe soll hier abgesehen werden, zumal die Arbeit sich auch nicht einzig auf diese zwei explizit surrealistischen Filme stützen möchte, sondern vielmehr versuchen möchte, einem „surreal[istisch]en" Stil, bzw. einer Ästhetik des Surrealen in Lynchs Werk nachzugehen und diesen aber als Nachfolge des historischen Surrealismus zu betrachten. Als eine solche Nachfolge erkennt Thomas Koebner den „neuen Surrealismus" der sechziger Jahre, wofür er neben Fellinis *Achteinhalb* (IT 1963) auch Ingmar Bergmanns *Wilde Erdbeeren* (SWE 1957) oder *Persona* (SWE 1966) als Beispiele aufführt. Koebner spricht bei diesen Filmen von einem „Erzählen im Irrealis", das dem Traum und der Imagination besonderen Stellenwert beimisst und radikal Realitätsebenen vermengt:[99]

„[...] »Erzählen im Irrealis« meint eine grundsätzliche Neubestimmung der erzählten Welt als Kontinuum zwischen Wirklichkeits- und Möglichkeitswelt."[100] Eben dieser Irr-, bzw. *Surr*-realität Lynch'schen Erzählens möchte diese Arbeit sich widmen, jedoch in Betrachtung eines, wie anfangs erwähnten, *eternal surrealism,* der hier einem „noch neueren" Surrealismus vorgezogen werden soll. Diesen „zeitlosen Surrealismus" benannte auch Breton, der im ersten surrealistischen Manifest davon sprach, gewisse Künstler und Dichter vor der Zeit des Surrealismus ließen sich surrealistisch lesen.[101] Gleichwohl betrachtet Michael Lommels *Surrealismus und Film* (2008) das Surreale als an keine Zeit gebundenes ästhetisches Stilmittel:

> Wir bevorzugen daher, statt vom surrealistischen Film oder vom frühen und neuen Surrealismus zu sprechen, den Ausdruck „Ästhetik des Surrealen". Man könnte auch sagen, dass es [...] um Elemente des Surrealen im Kino geht, um Surrealisierung als künstlerisches Verfahren und weniger um einen –Ismus mit festgelegtem Filmkanon.[102]

Als grundlegende Elemente surrealer Filmästhetik nennt er die Überordnung der Sequenz und des Bildes über die Handlung sowie Verfremdung, Absurdität, Paradoxie

---

[99] Vgl. Koebner, Thomas (1998) „Erzählen im Irrealis. Zum Neuen Surrealismus im Film der sechziger Jahre. Eine Problemskizze", in: Dieterle, Bernard (Hg.) *Träumungen. Traumerzählung in Film und Literatur*, St. Augustin: Gardez! (= Filmstudien, Bd.9), 71-91.
[100] Ebd. 83.
[101] Vgl. Breton 2009: 27.
[102] Lommel, Michael et al (Hg.) (2008) *Surrealismus und Film. Von Fellini bis Lynch*, Bielefeld: transcript, 11.

und Transgression in Form von Verwandlung von Raum und Zeit oder Metamorphose des Schauspieler-Körpers. Zur Folge haben diese Merkmale eine nicht mehr kohärente Wahrnehmung auf Rezipientenseite – filmische Realität und Traum, Halluzination, Unbewusstes, verschwimmen ineinander.[103] Durch dieses ununterscheidbare Verschwimmen bewegt sich eine surreale Erzählweise nah an der Grenze zum Unzuverlässigen Erzählen, wie Fabienne Liptay in Bezug auf *Blue Velvet* (David Lynch, USA 1986) bemerkt.[104] Eine scharfe Trennung von Innen- und Außenwelt ist, wie auch Thomas Koebner schreibt, oft nicht mehr möglich – auch die Nähe zum Jahrausschen Begriff des *Bewusstseinsfilms* wird hier deutlich.

„Das feste Zeitgerüst des Nacheinander bricht in sich zusammen ebenso wie die klare Koordination des Raums, Schritt für Schritt verschiebt sich die Bildproduktion ins Imaginäre, ohne jeweils eine Realitätsprüfung im Detail zuzulassen".[105] Jedoch bedeutet nicht jede verschwimmende oder unmarkierte Grenze gleichsam Markierung eines unzuverlässigen Erzählens. Mithilfe der *possible worlds* und in Anschluss an Dominik Orth, der in diesem Zusammenhang von erzähltechnischer erzählerischer Unzuverlässigkeit spricht,[106] will diese Erzähltechnik hier als Stilmittel surrealen Erzählens begriffen werden. Durch die Verwendung einer dem Surrealismus entlehnten Begrifflichkeit, so Koebner, „entfällt die Stigmatisierung des ›Unzuverlässigen‹".[107] Weiterhin spricht er von einem „réalisme sans rivages"[108] – sur-reales Erzählen könnte so verstanden werden als Ausdruck eines erweiterten Realismusbegriffs, in

---

[103] Vgl. ebd. 11f.

[104] „Und wann der Blick, und mit ihm die Kamera, nach innen gewandert ist bzw. wann sich das Innere nach außen gekehrt hat, bleibt unbeantwortet. Unzuverlässigkeit beginnt dort, wo wir als Zuschauer nicht mehr unterscheiden können zwischen Traum und Realität, wo die Inszenierung die Übergänge zwischen Innen und Außen verwischt oder uns bewusst in die Irre führt. Auf diese Weise zwingt Lynch den Zuschauer, unlösbare Widersprüche und Irritationen auszuhalten, pflanzt ihm die Unzuverlässigkeit gleichsam in den eigenen Kopf, woraus sich sowohl die Verstörung als auch die Sogwirkung erklären lassen, die seine Filme auf den Zuschauer ausüben." (Liptay 2005: 308).

[105] Koebner, Thomas (2005) „Was stimmt denn jetzt? ›Unzuverlässiges Erzählen‹ im Film", in: Liptay, Fabienne/ Wolf, Yvonne (Hg.): *Was stimmt denn jetzt? Unzuverlässiges Erzählen in Literatur und Film*, München: Ed. Text+Kritik, S. 19-38, hier: 34.

[106] Vgl. Orth 2005: 84.

[107] Koebner 2005: 35.

[108] Ebd.

dessen Folge Imaginäres oder Innerweltliches auf paradigmatischer Ebene gleichwertig neben äußerem Geschehen abgebildet wird und, da es sich um filmisches Erzählen handelt, auch abgebildet werden *kann*. Der Film ist somit *das* Medium schlechthin, das imstande ist, dem Streben Bretons nachzukommen, Traum und (zumindest filmische) Realität zu vermengen:

> Ich glaube an die künftige Auflösung dieser scheinbar so gegensätzlichen Zustände von Traum und Wirklichkeit in einer Art absoluter Realität, wenn man so sagen kann: Surrealität. Nach ihrer Eroberung strebe ich, sicher, sie nicht zu erreichen, zu unbekümmert jedoch um meinen Tod, um nicht zumindest die Freuden eines solchen Besitzes abzuwägen.[109]

Im Anschluss sollen nun David Lynchs Erzählungen *Lost Highway*, *Mulholland Drive* und *Inland Empire* auf ihre Surrealität hin untersucht werden. Der Ansatz versteht sich dabei als, wie bisherige Erläuterungen zeigten, „narratologisch-narratographischer": Es sollen prägnant surreale „Text- und Bildstellen" der Filme aufgezeigt werden, deren Ästhetik, Inhalt und Wirkung im weitesten Sinne in surreal[istisch]er Tradition stehen und den Filmen, ganz im Sinne des Surrealismus, auch psychologischen oder traumähnlichen, in jedem Fall aber sur-realistischen Beigeschmack geben. Dies soll verfolgt werden in dem Bewusstsein, dass hier die ursprüngliche Ganzheitlichkeit der surrealistischen Bewegung (z.B. Politik) nicht mehr gelten kann.[110] Es soll also versucht werden, einen Mittelweg zu gehen zwischen einem eng gefassten Begriff des Surrealen, der sich ausschließlich nach dem Surrealismus richten würde und einem weit gefassten im Sinne von „jeder Film ist surreal." Zwar wird auch hier die These verfolgt, dass Film gerade aufgrund seiner spezifischen Ausdrucksmöglichkeit Surrealität hervorbringen kann, ebenso wie auf die schon von Surrealisten verfolgte Traumanalogie eingegangen wird,[111] doch möchte ich mich vor allem auf einzelne Elemente des Surrealen in Erzählung und Bild konzentrieren.

---

[109] Breton 2009: 18.
[110] Vgl. Richardson 2006: 3, der davor warnt, den Surrealismus lediglich auf seine Ästhetik herunter zu brechen und ihn somit fehlzuinterpretieren.
[111] Vgl. hierzu Brütsch, Matthias (2009) „Dream Screen? Die Film/Traum-Analogie im theoriegeschichtlichen Kontext", in: Pauleit, Winfried et al. (2009) *Das Kino träumt. Projektion. Imagination. Vision*, Berlin: Betz+Fischer, S. 20-49, hier: 25; Buñuel, Luis (1991) *Die Flecken der Giraffe. Ein- und Überfälle*, Berlin: Wagenbach, 144ff; Kyrou, Ado (1985) *Le surréalisme au cinema*, Paris: Ramsay, 83

Mit Richardson soll diese Annäherung an Lynchs Filme keine endgültige Interpretation liefern, sondern vielmehr als stützende Lesart betrachtet werden: „how does consideration of this particular film or filmmaker in relation to surrealism help us to illuminate either surrealism or the film?"[112]

Es soll folglich untersucht werden, *was* die Surrealität von *Lost Highway*, *Mulholland Drive* und *Inland Empire* ausmacht und vor allem, *wie* diese durch filmisches Erzählen zu Tage gebracht wird – es soll also „der größte gemeinsame surreale Nenner" der Filme in Inhalt und Form herausgearbeitet werden. Eine wichtige Rolle spielen sollen hierbei, ganz im Sinne des Surrealismus, der Traum, das Unheimliche, das Unter-/bzw. Unbewusste, sprich die Psychoanalyse, sowie, ebenso als surrealisierendes Mittel, die Selbst-/und Medienreflexivität der Filme. Im Anschluss an diese Untersuchungen, bei denen sich, wie auch in Bezug auf den Surrealismus bereits erwähnt, auch zeigen wird, dass bei Lynch durchaus ein Kompositionsprinzip erkennbar ist, sollen diese in Zusammenhang mit der *possible worlds theory* und hiernach in einen Gesamtkontext mit seiner bildenden Kunst gestellt werden.

Die Wahl auf besagte Filme fiel, neben persönlicher Präferenz, auch aus Gründen der Aktualität – diese Filme, zumal sie als Trilogie begriffen können, scheinen sich in ihrer radikalen Negation „herkömmlichen Erzählens" besonders gut zu eignen für eine Analyse unter Berücksichtigung neuerer Erzähltheorie.

---

[112] Richardson 2006: 7.

2. *Lost Highway, Mulholland Drive* und *Inland Empire* als Vexierbilder des Unbewussten?

2.1. Verzahnung von Realitäts- und Zeitebenen und ihre Undurchschaubarkeit

Als „narrative[r] Irrgarten"[113] werden die erzählerischen Konstruktionen und Handlungsabläufe in *Lost Highway, Mulholland Drive* und *Inland Empire* unter anderem bezeichnet. Im Folgenden sollen sie mitsamt ihrer „Ebenen der Verwirrung",[114] wie Orth schreibt, kurz skizziert werden, um als Diskussionsgrundlage hinsichtlich ihrer Surrealität zu dienen.

Allen drei Filmen ist gemein, dass sich in ihnen verschiedene Zeit- und Realitätsebenen durchdringen, so dass eine klare Handlungsabfolge nicht rekonstruierbar ist. *Lost Highway* handelt von einem Ehepaar, welches sich zu entfremden scheint. Ihnen werden mysteriöse Videotapes, die Aufnahmen einer Überwachungskamera ähneln, zugespielt, auf denen zuerst eine Außenansicht ihres Hauses und später sie selbst schlafend zu sehen sind. Nachdem Fred Madison (Bill Pullman) sich auf einer der Aufnahmen selbst als Mörder seiner Frau Renée (Patricia Arquette) sieht, kommt er, des Mordes angeklagt und in Polizeigewahrsam, wieder zu Bewusstsein. Im Gefängnis geschieht mit ihm eine unerklärliche Transformation und er wird zu Pete Dayton (Balthazar Getty), der, freigelassen, eine Affäre mit Alice beginnt, die ebenso wie Freds Frau Renée, von Patricia Arquette gespielt wird und die Geliebte vom patriarchalen Mr. Eddie/Dick Laurent ist. Zusammen töten sie Andy, einen Pornofilmproduzenten, mit dem auch Renée verkehrt zu haben scheint – ein Bild in dessen Wohnung, das ihn mit beiden Frauen zeigt, bekräftigt dies. Nach einem weiteren Geschlechtsakt zwischen Pete und Alice verschwindet diese und an ihrer Stelle taucht der Mystery Man (Robert Blake) auf, dem Fred schon auf einer Party begegnet ist. Dieser scheint sich an mehreren Orten gleichzeitig aufhalten zu können, da er Fred auf der Party ein Handy reicht und sich selbst in dessen Haus anrufen lässt. Pete ist inzwischen wieder Fred, gemeinsam mit dem Mystery Man tötet er Mr. Eddie/Dick Laurent und fährt daraufhin zu seinem Haus, wo er den Satz spricht, den er selbst zu

---
[113] Liptay 2005: 308.
[114] Vgl. Orth 2005: 22; 28.

Beginn des Filmes durch die Gegensprechanlage vernahm: „Dick Laurent is dead". In seinem Auto flieht er vor der Polizei auf den Highway, wo wieder eine Metamorphose zu beginnen scheint.

Ähnlich Undurchschaubares geschieht auch in *Mulholland Drive*: Betty (Naomi Watts), eine junge aufstrebende Schauspielerin, trifft auf „Rita" (Laura Harring), die sich selbst nach der Hollywoodschauspielerin Rita Hayworth benennt, da sie einen Unfall erlitt und ihr Gedächtnis verloren hat. Gemeinsam versuchen sie herauszufinden, wer Rita wirklich ist und finden dabei die Leiche einer gewissen Diane Selwyn. Die beiden Frauen nähern sich an – und dann geschieht auch hier ein Ebenenwechsel, den ein ominöses blaues Kästchen und ein Schlüssel auszulösen scheinen. Betty wird zu Diane Selwyn, Rita zu Camilla Rhodes, einer Filmdiva, die die Verliebtheit Dianes schamlos ausnutzt und sie demütigt. Es erfolgt gegenüber dem ersten Teil des Filmes eine klare Umkehrung der Machtverhältnisse der beiden Frauen, zuletzt gibt Diane Camillas Mord in Auftrag (als Zeichen für dessen Ausführung wird ihr ein Schlüssel versprochen) und erschießt sich. Der Film beginnt aufs Neue, aber der Kreis ist ein sich nicht (er)schließendes Paradoxon:

> Vielmehr windet sie [die Geschichte, M.A.] sich in Endlosschleifen, die sich zuweilen berühren, ohne sich zu verbinden. [...] So ist der Unfall auf dem Mulholland Drive bereits geschehen, bevor die Dinge, die dazu führen, überhaupt in Gang kommen, und gleichzeitig kommen sie erst in Gang durch die Ermittlungen, die der Aufklärung des Unfallhergangs dienen.[115]

Inland Empire handelt von der Schauspielerin Nikki Grace (Laura Dern), die in einem unautorisierten Remake (*On High in Blue Tomorrows*) eines Filmes (*4-7*), der niemals vollendet wurde, weil die Darsteller ermordet wurden, ihr Leinwand-Comeback feiern soll. Eingangs warnt eine Nachbarin sie, in Rätseln sprechend, vor einem Mord im Film und sagt voraus: „If today was tomorrow you wouldn't know you owed on an unpaid bill. Tomorrow, you would be sat over there." Im Zuge der Dreharbeiten entgleitet ihr der Sinn für die Realität und sie verliert sich zunehmend in ihrer Rolle der Sue. Zusehends wird unklar, ob Nikki tatsächlich eine Affäre mit dem Hauptdarsteller Devon (Justin Theroux) hat oder sich Szenen der Dreharbeiten des

---

[115] Liptay 2005: 318.

Filmes und Devons Rolle des Billy in ihre Wahrnehmung mischen. Die Ehe mit ihrem reichen und einnehmenden polnischen Mann Pietrok scheint zu zerbrechen: Nikki sagt, sie sei schwanger, wobei sich in einer späteren Rückblende in der er sie schlägt herausstellt, dass er unfruchtbar ist. Nachdem (so scheint es jedenfalls, auch hier ist der konkrete zeitliche Ablauf unklar) Pietrok sich einem Prostituiertenring anschließt, der von polnischen Zirkusclowns geleitet wird und Nikki verlässt, begibt diese sich zum Therapeuten. Immer wieder streift sie durch lange, dunkle, nicht klar verortbare Gänge. Sie begegnet dabei leicht bekleideten Mädchen, deren absurden Gesprächen sie lauscht. Nach einem weiteren Gespräch mit dem Therapeuten gibt sie an, nicht mehr zu wissen, was gestern und was heute war und trifft die selben Mädchen als Prostituierte am Straßenrand. Sie wird von Billys – oder auch Devons Frau, mit einem Schraubenzieher niedergestochen und stirbt, im wahrsten Sinne filmreif, am Straßenrand mitten in Hollywood – der Tod stellt sich heraus als der Filmtod Sues. Wieder wandert sie durch Gänge, sieht selbst eine Szene aus *Inland Empire* auf einer Kinoleinwand, schießt auf Pietrok, der plötzlich vor ihr steht, und gelangt schlussendlich in ein Zimmer mit der Nummer 47, in dem das „Lost Girl" (Karolina Gruszka) sitzt. Ergriffen betrachtet sie: den Film, den auch wir eben sahen. Sie geben sich einen Kuss, den Kerstin Stutterheim als Erlösung beschreibt,[116] und es scheint ein Happy End für Pietrok zu geben, der mit seinem (mutmaßlichen) Sohn und dem Lost Girl vereint wird, während Nikki sich wieder am Anfang auf ihrem Sofa befindet und die Prophezeiung der Nachbarin sich zu bewahrheiten scheint.

Anhand dieser kurzen Handlungsbeschreibungen, die vorerst mögliche Interpretationen umgehen wollen, wird schon ersichtlich, worin der höchste Grad an Surrealität begründet liegt. Wie auch Dominik Orth konstatiert, liegen die Ebenen der Verwirrung für den Zuschauer vor allem darin, dass ein kohärenter temporaler Ablauf[117] nicht rekonstruiert werden kann. In *Lost Highway* und *Mulholland Drive* ist das Ende wieder der Anfang – und ist es doch wieder nicht, was zur Folge hat, dass oft von

---

[116] Vgl. Stutterheim, Kerstin (Hg.) (2011) *Studien zum postmodernen Kino: David Lynchs Inland Empire und Bennett Millers Capote*, Frankfurt a.M.: Lang, 68.
[117] Ordnung nach Genette (1998: 22): „Die temporale Ordnung zu studieren, heißt die Anordnung der Ereignisse oder zeitlichen Segmente im narrativen Diskurs mit der Abfolge derselben Ereignisse oder zeitlichen Segmente in der Geschichte zu vergleichen, sofern sie sich explizit an der Erzählung ablesen oder durch den einen oder anderen indirekten Hinweis erschließen lässt. Natürlich ist eine solche Rekonstruktion nicht immer möglich [...]."

der Erzählstruktur eines Möbiusbandes gesprochen wird: „Das Möbiusband zeichnet im Gegensatz zur Endlosschleife zusätzlich noch eine paradoxe Rahmenüberschreitung aus, durch welche sein sich stets wiederholendes Einsetzen des Anfangs nach dem Schluss erst zur Metalepse wird."[118]
Inland Empire spielt mit permanenten Wechseln zwischen Innen- und Außenwelt sowie der Wahrnehmung der Protagonistin ebenso wie der des Zuschauers: Die Filme Lynchs machen das Unmögliche möglich, sie sind Träger einer Koexistenz verschiedener Zeit-, Realitäts- oder gar Bewusstseinsebenen.[119] Was Kyrou schrieb, kann ebenso für Lynch geltend gemacht werden, die Nähe zum Surrealismus wird deutlich: „[L]es mondes parallèles, les grands transparents, l'alchimie du temps, les nouvelles dimensions, etc., rejoignent des thèmes surréalistes."[120]
Transgressive Identitäten, gleiche Schauspieler,[121] die verschiedene Rollen besetzen und Metamorphosen durchlaufen oder „gedoppelt" werden, tragen dem noch bei, weswegen psychoanalytische Interpretationen naheliegend erscheinen.[122]

2.2. Lynchs Filme im Fadenkreuz der Psychoanalyse

Es stellt sich die Frage, ob Teile der Handlung sich als psychologisch motivierte Fantasiegebilde lesen lassen – ihre narratologische Inkohärenz bzw. Unauflöslichkeit der Ebenen jedenfalls scheint psychologische Interpretationen nahezulegen. So lesen beispielsweise Blanchet, McGowan und Žižek *Lost Highway* und *Mulholland Drive* mit psychoanalytischen Mitteln, insbesondere unter Einbezug Lacans, um spezifisch

---

[118] Klimek Sonja (2010) *Paradoxes Erzählen. Die Metalepse in der phantastischen Literatur*, Paderborn: Mentis, 60.
[119] An dieser Stelle sei verwiesen auf Ingmar Bergmans *Persona* (1966), der ein ähnliches Vexierpspiel mit Konkretem und Imaginärem führt, ebenso vermittelt über zwei Frauen; Vgl. Koebner 1998: 83.
[120] Kyrou 1985: 91, hier eigentlich zum Science-Fiction Film.
[121] Verwiesen sei hier auch auf Buñuels *Cet obscur objét du desir* (F/ES 1977), in dem Buñuel mitten im Film die Hauptdarstellerin einfach durch eine andere ersetzt.
[122] Vgl. Orth 2005: 18-24 zu *Lost Highway* und 26-30 zu *Mulholland Dr.*

figurale und narrative Motivik auf *inhaltlicher* Ebene zu interpretieren.[123] Die weitgehend schlüssigen und auf vielen Seiten vertretenen grundlegenden Annahmen, bei Pete handle es sich um ein – der Realität entfliehendes und potenteres – Alter Ego Freds, und Betty sei die Wunschfantasie Dianes,[124] werden bei diesen Ansätzen so versucht zu vertiefen.

Als zentraler Ausgangspunkt fungiert allen drei Analytikern das Begehren: bei *Lost Highway* bedingt durch Freds Unvermögen, seine Frau zu befriedigen und die daraus resultierende Eifersucht und der mögliche Mord, in *Mulholland Drive* das (Auf)begehren und Unterwerfen der gedemütigten Diane. Für McGowan besteht die Unmöglichkeit Lynch'scher Welten darin, dass sie Begehren und Fantasie radikal auseinander halten, wohingegen die Grenzen der beiden in klassischen Erzählungen fließend seien:

> This blurring of the lines occurs in most films as well. Narrative films typically revolve around the intermixing and interaction of desire and fantasy. Desire fuels the movement of narrative because it is the search for answers, a process of questioning, an opening to possibility. Fantasy, in contrast, provides an answer to this questioning, a solution to the enigma of desire (albeit an imaginary one), a resolution of uncertainties.[125]

Weiterhin postuliert McGowan die These, Lynchs Filme bzw. die möglichen Innen- oder Wunschwelten, nach Ryan *textual alternataive possible [wish-]worlds*,[126] die in ihnen aufgemacht werden, seien Ausdruck puren Begehrens, eines Begehrens, das nicht von der Fantasie unterminiert sei und somit als „ultimate fantasy"[127] für sich

---

[123] Vgl. hierzu: Blanchet, Robert (1997) Circulus Vitiosus. Spurensuche auf David Lynchs *Lost Highway* mit Slavoj Zizek, in: http://cinetext.philo.at/magazine/circvit.html (01.02.2014); MacGowan, Todd (2007) *The impossible David Lynch*, New York: Columbia Univ. Press; Žižek, Slavoj (2002) *The Art of the Ridiculous Sublime. On David Lynch's Lost Highway,* Washington: The Walter Chapin Simpson Center fort he Humanities.

[124] Vgl. u.a. Fischer, Robert (1997) *David Lynch*, München: Heyne; Laass, Eva (2006) „Krieg der Welten in Lynchville. Mulholland Drive und die Anwendungsmöglichkeiten und –grenzen des Konzepts narrativer Unzuverlässigkeit", in: Helbig, Jörg (Hg.): *„Camera doesn't lie": Spielarten erzählerischer Unzuverlässigkeiten im Film,* Trier: WVT Wissenschaftlicher Verlag Trier, S. 251-284,hier: 165; Liptay 2005: 314f./ 318; Orth 2005: 18ff./26ff.

[125] McGowan 2007: 16.

[126] Vgl. Ryan 1991: 22.

[127] Ebd.: 18.

stehe.[128] Demnach splittet er *Lost Highway* auf in eine Welt des Begehrens – die Welt Freds, der „ [...] turns to fantasy to escape the deadlock of desire but inevitably encounters the deadlock in a new form."[129] Was McGowan damit meint ist, dass in der Welt der Fantasie das Begehren ausgelebt werden kann und zugänglich ist, wobei das begehrte Objekt in der Welt des Begehrens das stets Unerreichte bleibt, mit Lacan: $ \$ \diamond a $.[130]

Analog lässt sich dieses Konzept auch übertragen auf *Mulholland Drive*, wo Diane, unglücklich in ihrer Welt des Begehrens, in ihrer Fantasiewelt das Begehren auslebt und sich ihr Leben in bunten Farben schönmalt. Gerade die scharfe Trennung der beiden Welten aber, wie McGowan sie führen möchte, ist meines Erachtens nach nicht möglich, wenn auch die Ausgangsthese von Begehren und Fantasie einleuchtet. Radikalisiert wird vielmehr das *Zusammenfließen* von Begehren und Fantasie in *Inland Empire*, wo Nikki beides nicht mehr auseinanderhalten kann: Ihr gespieltes Begehren als Sue wird real. Besonders deutlich wird dies in der Sexszene, deren Realitätsstatus nunmehr unklar ist. Verzweifelt ruft sie dem höhnisch lachenden Billy/Devon entgegen „It's me, Nikki!" – doch in welcher der beiden Welten sie sich befindet, wissen weder wir noch sie.

Der Punkt ist, dass im Moment des Aufbegehrens der Fantasie und der, nennen wir es Extrahierung der phantasmatischen Wunschebene von innen nach außen, das begehrende Subjekt als solches zwar nicht mehr existiert und die Fantasie für sich zu stehen scheint, dennoch bleibt sie immer in Abhängigkeit von ihrem Ursprung. Dem „[...] [D]esire does not exist prior to fantasy but emerges out of it."[131] McGowans wäre infolge dessen also nicht zuzustimmen, gerade auch wenn er sich an anderer Stelle widerspricht, die Fantasie fungiere als Kompensation[132] und die Figuren Lynchs seien geprägt durch ihre Beschaffenheit dahingehend, ihre Fantasie auszuleben und die Kluft zwischen Fantasie und Begehren aufzuheben.[133] Das Begehren geht der Fantasie folglich voraus, mehr noch dient es ihr als Katalysator. Dass die Welt des Begehrens und die der Fantasie letztlich untrennbar sind, zeigt der Ausgang und das Scheitern beider Wunschträume in *Lost Highway* und *Mulholland Drive*.

---

[128] Vgl. Ebd.
[129] Ebd.: 155.
[130] Zit. Nach Blanchet 1997.
[131] McGowan 2007: 18.
[132] Ebd. 155.
[133] Ebd. 25.

Pete als jüngere und potentere Version von Fred wird es ermöglicht, Alice/Renée zu befriedigen, sie zu besitzen, doch am Ende sagt sie „You'll never have me!". Für Žižek bedeutet das: "Significantly, it is at this very point that Pete is transformed back into Fred, as if to assert that the fantasmatic way out was a false exit, that in all imaginable/ possible universes, failure is what awaits us."[134] Das Einbrechen der Realität und das Bewusstwerden des „begehrlichen Status" erfolgt in *Mulholland Drive* durch den Symbolwert eines Schlüssels. Als Zeichen für den vollbrachten Auftragsmord an Rita/Camilla bringt er Betty wieder zurück in ihre Welt, in der ihr das Scheitern erst zur Gänze bewusst wird und dem sie erliegt.

Des Weiteren ist in Zusammenhang mit *Lost Highway* von ödipalen Strukturen die Rede, welche durch Pete als Platzhalter für Fred ausgelebt und aufgelöst werden.[135] Der übermächtige, als patriarchal bezeichnete Mr. Eddy/ Dick Laurent steht in dieser Interpretation für die Verkörperung des Männlichen, er scheint Alice zu besitzen. Erst nachdem Fred ihn tötet, kann er diese verinnerlichte Grundangst zerschlagen:

> This is why the film shows Fred as he drives home and tells himself through the intercom of his house, "Dick Laurent is dead" – thereby repeating the opening scene of the film [...] In telling himself that "Dick Laurent is dead", Fred is trying to make clear to himself that the father who he supposes to be enjoying women is already dead. If he could communicate this, he would save himself the sacrifice of the object to a dead authority.[136]

Der Versuch, sich selbst zu warnen, scheitert allerdings, wie auch Žižek bemerkt: Fred bleibt in der Welt des Begehrens gefangen und beginnt die Endlosschleife aufs Neue.[137] Ähnlich geht es auch dem Betrachter, für den sich diese Strukturen am Ende nicht ineinander zu fügen scheinen, die immer Leerstellen hinterlassen und dem „Begehren", den Film zu begreifen, einen Strich durch die Rechnung ziehen. Die Herausforderung bei Lynch ist, dass auch die psychoanalytischen Deutungen wie die von McGowan oder Žižek Widersprüchlichkeiten aufweisen. Zum Beispiel will McGowan im Mystery Man das Überich erkennen,[138] was fragwürdig erscheint – gerade auch in Anlehnung an Žižek, der das ordnungskonstituierende Element wiederum in

---

[134] Žižek 2002: 15.
[135] Vgl. Ebd.: 17.
[136] McGowan 2007: 175.
[137] Žižek 2002: 18.
[138] Vgl. McGowan 2007: 163.

Eddy sieht.[139] Des Weiteren bleibt ungeklärt, warum sich Petes Fingerabdrücke im Haus von Andy finden und nicht Freds. Ebenso, dass seine Verwandlung von den Beamten sowie Petes Eltern bemerkt wird, wo Žižek doch eindringlich mehrfach darauf verweist, dass „one should absolutely insist that we are dealing with a real story (of the impotent husband, etc.) that, at some point (that of the slaughter of Renee), shifts into psychotic hallucination [...]"[140] Demzufolge scheint die Fantasie in das Reale einzubrechen.

Ähnliches lässt sich auch für *Mulholland Drive* festhalten, denn wie auch Liptay bemerkt, trifft Betty auf ihre eigene Leiche, die bei näherer Betrachtung doch nicht sie selbst zu sein scheint.[141] Eine weitere Schwierigkeit für die Interpretation von Bettys Ebene in *Mulholland Drive* als Wunschtraum ist das Fehlen der Markierung – Träume oder Innerweltliches werden im Normalfall als solche kenntlich gemacht durch Großaufnahmen oder Überblenden.[142] Das ominöse blaue Kästchen trägt von einer Ebene zur anderen, doch der Schlüssel zur Lösung bleibt uns, wenngleich sichtbar im Bild, dennoch verwehrt. Lynchs Filme bieten, im Gegensatz zu Filmen wie z.B. *Fight Club*, in dem retrospektive alles bisher Geschehene als unzuverlässig Erzähltes und vor allem als Psychologisch-pathologisches entlarvt wird, nur ansatzweise Zugang zur Interpretation. Zwar *kann* die erste Ebene von *Mulholland Drive* gesehen werden als innerfigürlich durch Begehren motivierte und kompensierte Wunschwelt, jedoch ließe sich aufgrund der fehlenden Markierung

> im Fall von Mulholland Drive also auch eine gleichberechtigte Parallelität der präsentierten fiktionalen Welten annehmen, die keine Hierarchisierung in 'objektive Referenzwelt' und 'subjektive Figurenwelt' vornimmt, sondern jeder möglichen Welt den gleichen fiktionalen Wirklichkeitsgehalt zuschreibt. Alternativ dazu würde eine antirealistische Sichtweise den in Mulholland Drive präsentierten möglichen Welten jeglichen fiktionalen Wirklichkeitsgehalt absprechen, da sich eine objektive Referenzwelt nicht ausmachen lässt und damit keiner Welt-Version eine reale Existenz zukommt. Beide Lesarten bedeuten

---

[139] Vgl. Žižek 2002: 18.
[140] Ebd.: 15.
[141] Vgl. Liptay 2005: 319.
[142] Vgl. Helbig, Jörg(2006) (Hg.): *„Camera doesn't lie": Spielarten erzählerischer Unzuverlässigkeiten im Film*, Trier: WVT Wissenschaftlicher Verlag Trier, 170.

also, zu akzeptieren, dass sich die Widersprüchlichkeiten des Films nicht anhand der Zuordnung 'objektiv akkurat' vs. 'subjektiv verzerrt' auflösen lassen und dass sie letztlich Teil der erzählten Welt sind [...].[143]

Rückführend auf die *possible worlds theory* Ryans, wie hier auch Laas konstituiert, handelt es sich bei den Texten Lynchs um nur schwer zugängliche wenn gar nicht aktualisierbare *TAW*, die *TAPW* beinhalten, die sich mit den *TAW* nicht in Einklang bringen lassen ob ihrer Widersprüche. Mögliche psychoanalytische Interpretationen sind schlüssig und unschlüssig zugleich – es finden sich immer wieder lose Enden, die nicht zusammengeführt werden können. Und dennoch ist keine der Sichtweisen stringent unzulässig, wenn man den Grad der Fiktionalität noch abstrahiert und davon ausgeht, dass die Paradoxien der aufeinandertreffenden bzw. parallelen Welten zwar nicht bis aufs letzte erklärbar sind, doch *möglich* sind in ihrem filmisch-erzähltem Status.

Die Gefahr bei psychoanalytischen Deutungen ist, wie oben schon anklang, dass sie oftmals dazu neigen, Filme für die Theorie fruchtbar zu machen, bzw. ihnen eine Theorie überzustülpen. Mit Mahler-Bungers und Zwiebel:

> [...] möchten wir auf einen Grundsatz hinweisen, der auch für die Patientenbehandlung gilt, dass nämlich der Film nicht für die Theorie da ist, sondern die Theorie für den Film, mit anderen Worten: Die Phänomene, die wir interpretieren, sind nicht dafür da, dass sie unsere Theorien bestätigen, sondern die Theorien helfen uns, einen – wenn auch vorläufigen – Zugang zu den Phänomene [sic!] zu bekommen, wobei wir dem Patienten ebenso wie dem Kunstwerk Respekt zollen.[144]

Es geschieht oftmals also das, was Heath eine „Theoriefilmanalyse"[145] nennt: Psychoanalytische Theoreme wie Kastrationsangst, Ödipuskomplex, Narzissmus etc. werden – ich erinnere an früher erwähnte *medial blindness* – auf den Film übertragen.

---

[143] Laas 2006: 277.
[144] Mahler-Bungers, Annegret/ Zwiebel, Ralf (2007) „Die unbewusste Botschaft des Films. Überlegungen zur Film-Psychoanalyse", in: diess. (Hg.) *Projektion und Wirklichkeit. Die unbewusste Botschaft des Films*, Göttingen: Vandenhoeck & Ruprecht, 32.
[145] Heath, Stephen (2000) „Kino und Psychoanalyse" in: Eppsteiner, Barbara/ Sierek, Karl (Hg.) *Der Analytiker im Kino. Siegfried Bernfeld Psychoanalyse Filmtheorie*, Frankfurt a.M./ Basel: Stroemfeld, 235.

Was diese, am manifesten Inhalt eines Filmes sich abarbeitende Herangehensweise übersieht ist die formale und mediale Spezifik des Films, der vielmehr (ähnlich dem autobiographischen Ansatz in Bezug auf den Regisseur) zu Gunsten von psychoanalytischen Konstrukten „pathologisiert" denn interpretiert wird. Bestes Beispiel für solch eine Pathologisierung ist eine Aussage Martigs in Bezug auf *Lost Highway*: „Genauso wie dies ein Film über einen schizophrenen Mörder ist, ließe sich auch sagen, dass dies ein mörderisch schizophrener Film über einen Saxofonspieler ist."[146] – Einem Film aufgrund seiner schweren Verständlichkeit und Paradoxie Schizophrenie zu attestieren, scheint etwas viel des Guten.

Mechthild Zeul, Gerhard Schneider u.a. schlagen dahingehend auch in Anschluss an Bordwell und Thompson vor, den Film von seiner *Faktur*, seiner Machart, oder auch seinen *cues* her zu untersuchen. Somit kommen die ästhetische Wirk- und Aussagekraft eines Filmes viel mehr zu tragen und die Interpretation läuft nicht Gefahr, nach psychologisch-theoretischen Versatzstücken zu suchen.[147] Diese in der neueren psychoanalytischen Filmtheorie laut werdende Forderung nach Untersuchung des Filmbildes hinsichtlich seiner psychologischen Interpretation (bzw. *Wirkung*), die, in Anbetracht des Interpreten naturgemäß auch stark subjektiv ausfällt,[148] hat unübersehbar große Nähe zur neueren Erzähltheorie: Mit Rückgriff auf Stewart geht es auch

---

[146] Martig, Charles (2003) „Lynchville. Selbstbezüglichkeit und Irrealisierung im Werk von David Lynch" in: Karrer, Leo/ Martig, Charles (Hg.) *Traumwelten. Der filmische Blick nach innen*, Marburg: Schüren (= Film und Theologie Bd. 4), 149-168, hier: 158.

[147] Vgl. Zeul, Mechthild (2003) „Bausteine einer psychoanalytischen Filmtheorie. Zur Verhältnisbestimmung von Psychoanalyse und Film am Beispiel des Traums", in: Karrer, Leo/ Martig, Charles (Hg.) *Traumwelten. Der filmische Blick nach innen*, Marburg: Schüren (= Film und Theologie Bd. 4), 45-58, hier: 17f., Mahler-Bungers/Zwiebel 2007: 32, Schneider, Gerhard (2008) „Filmpsychoanalyse – Zugangswege zur psychoanalytischen Interpretation von Filmen", in: Laszig, Parfen/ Schneider, Gerhard (Hg) *Film und Psychoanalyse. Kinofilme als kulturelle Symptome*, Gießen: Psychosozial-Verlag 19-38, hier: 26ff.

[148] Von der Annahme, die Form des Films selbst sei Ausdruck des Unbewussten oder der *cue* der symbolhafte „tiefe Grund", der Unbewusstes repräsentiert o.ä. (vgl. Mahler-Burgers/Zwiebel 2007: 35f.), möchte diese Arbeit sich weitgehend distanzieren, da dies zu tief in die Psychoanalyse führte. Mit Thompson, Kristin (2003) „Neoformalistische Filmanalyse", in: Albersmeier, Franz (Hg.) *Texte zur Theorie des Films*, Stuttgart: Reclam, : 427-464. hier: 435: „Die Begründung für das Auftreten eines Verfahrens bezeichnen wir als dessen Motivation. Die Motivation lässt sich als cue auffassen, der vom Werk ausgeht und uns dazu veranlasst, uns über die Rechtfertigung des jeweiligen Verfahrens Gedanken zu machen; Motivation bezeichnet somit eine Form der Interaktion zwischen der Werkstruktur und der Aktivität des Zuschauers." Wie Zeul (2007: 65) schreibt: „Dabei handelt es sich um eine Gegenüberstellung der Interpretationen mit dem im Plot festgelegten

hier nur mehr um die Zuwendung zum *Filmbild*, zur Narratographie, mit der Frage, was dieses in seiner Ausgestaltung, *mise en scène*, Einstellung etc. über die Narratologie bzw. den Plot – respektive die Psychologie – verraten kann.[149] Wenn im Folgenden der „Psychologie im Bild" auf den Grund gegangen werden soll, so sind damit letztlich auch die, wie Thompson sie im neoformalistischen Ansatz bezeichnet, Verfahren eines Filmes gemeint:[150] durch die Analyse einiger prägnanter Einstellungen in *Lost Highway, Mulholland Drive* und *Inland Empire* soll aufgezeigt werden, inwiefern die Filme einer surrealen Ästhetik zugerechnet werden können, die sich im Anschluss an Lommel eben gerade durch eine Überordnung des Bildes gegenüber der Handlung – und im Bild selbst wiederum durch Verfremdung, Metamorphosen etc. auszeichnet.[151] Es ist naheliegend anzunehmen, dass solche Verfremdungsverfahren, die für Lommel Ausdruck einer surrealen Ästhetik sind, gleichwohl oftmals Hinweis sind auf innerfigurale oder psychologisierte Darstellung, was einem von Surrealisten wie Buñuel geforderten Kino entspräche.[152] In neoformalistischen Worten mit Thompson gesprochen: eine auffällige Einstellung oder Kamerafahrt als *cue* wird uns dazu veranlassen, dem Grund ihrer Verwendung nachzugehen,[153] und oftmals klärt sich diese auch retrospektiv durch den Plot. In Lynchs Filmen sind es Doppelungen, Spiegelungen,[154] Großaufnahmen oder verzerrte Aufnahmen, sowie

---

Aufbau des Filmes.", von Hypothesen hinsichtlich „unbewusster, vorbewusster und bewusster Gefühle und Wünsche in der Interpretin" (ebd.) soll weitgehend Abstand genommen werden, wenn diese (vielmehr im „bewussten Bereich") hinsichtlich der Wirkung, welche nun nicht empirisch belegt werden kann, an einigen Stellen auch unumgänglich, und, in hypothetischen Überlegungen auch über Rezipienten, hoch spekulativ sind. Letztlich geht es aber vielmehr um die Untersuchung von formalen Mitteln, die psychologische Interpretationen begünstigen, denn um eine Wirkungsanalyse von Rezipienten oder Interpreten. „Einen Film insgesamt von seiner Faktur her zu betrachten, wird in der Regel nur dann zur Option, wenn er deutlich aus dem Paradigma des im wesentlichen *narrativen* Films herausfällt, auch wenn dieser gegebenenfalls verrätselt oder offen isst wie z.B. M. Antonionis *Blow Up*." (Schneider 2008: 27)
[149] Vgl. S. 5 dieser Arbeit/ Stewart 2007: 26.
[150] Vgl. Thompson 2003: 434.
[151] Vgl. Lommel 2011: 11f.
[152] Vgl. Buñuel (1991: 147f.), der für ein solches Kino, das Ausdruck des Geheimnisvollen ist, für ein realitätsfremdes Kino plädiert.
[153] Vgl. Thompson 2003: 345.
[154] Vgl. hierzu auch Schwarz, Olaf (1998) „'The owls are not what they seem.' Zur Funktionalität 'fantastischer' Elemente in den Filmen David Lynchs, in: Pabst, Eckhard (Hg.) „A Strange World." Das Universum des David Lynch, Kiel: Ludwig, 47-68, hier: 65f.

eine idiosynkratische Raumkonzeption,[155] die auffallen und die Narration gleichermaßen stützen, aber sie ebenso unterwandern und die einen stilistischen surrealen roten Faden durch das Werk Lynchs ziehen.

> *A little boy went out to play. When he opened the door, he saw the world. As he passed through the doorway, he caused a reflexion. Evil was born. Evil was born and followed the boy.*[156]

2.3. Psychologie als „Einstellungssache" bei Lynch

2.3.1. Doppelgängermotiv und Spiegelung

Das Doppelgängermotiv, mit dem auch das Spiegelmotiv oder Schatten einhergehen, ist ein bereits lange verwendetes. Wie Sven Herget aufzeigt, hat es seine Ursprünge schon im (Aber)Glauben alter Völker und zeigte sich in Form von Schatten oder Schutzgeistern, bis es durch Einkehr des Christentums einem Paradigmenwechsel unterlag und nun zum Todesboten, später gar zum abgespaltenen Bösen avancierte.[157] Im Film treten sie vor allem auf in Form von Portraits, Zwillingen oder als Dasselbe und doch Andere: das Alter Ego.[158] Im Doppelgängermotiv werden (fragile) Identitäten und ihre Konstruktion thematisiert, oft noch verstärkt durch den Einsatz von Spiegeln. Vielfach wurde im Zuge dessen auf das Lacansche Spiegelstadium verwiesen, das um den Moment kreist, in dem das Subjekt in den Spiegel sieht, sich dabei erstmalig erkennt und ab diesem Zeitpunkt seine Identität konstituiert.[159] Nun ist das Doppelgängermotiv seit Anfang der Filmgeschichte auch ein viel inszeniertes und hat insbesondere durch die Verwendung von Spiegeln einen großen Reiz, auch

---

[155] Vgl. hierzu auch Pabst, Eckhard (1998) (Hg.) *„A Strange World." Das Universum des David Lynch*, Kiel: Ludwig.

[156] Zitat der „Hexe"/ Nachbarin in *Inland Empire*.

[157] Vgl. Herget 2009: 20-24.

[158] Vgl. Herget 2009.

[159] Vgl. Lacan, Jacques (1975) „Das Spiegelstadium als Bildner der Ichfunktion. Wie sie uns in der psychoanalytischen Erfahrung erscheint", in: Haas, Nordert (Hg) *Jacques Lacan. Schriften I*, Baden-Baden: Suhrkamp, S. 61-70.

in Bezug auf den Spiegelblick als „explizit filmisches Phänomen",[160] wie Herget schreibt. Als externalisiertes oder auch eingebildetes Alter Ego beinhaltet dieses meist unterdrückte oder nicht verwirklichbare Wünsche und Fantasien, wie auch Freud in seinem Aufsatz *Das Unheimliche* (1919) schrieb:

> Es sind dies das Doppelgängertum in all seinen Abstufungen und Ausbildungen, also das Auftreten von Personen, die wegen ihrer gleichen Erscheinung für identisch gehalten werden müssen, die Steigerung dieses Verhältnisses durch Überspringen seelischer Vorgänge von einer dieser Personen auf die andere, – was wir Telepathie heißen würden – so daß der eine das Wissen, Fühlen und Erleben des andern mitbesitzt, die Identifizierung mit einer anderen Person, so daß man an seinem Ich irre wird oder das fremde Ich an die Stelle des eigenen versetzt, also Ichverdopplung, Ichteilung, Ichvertauschung – und endlich die beständige Wiederkehr des Gleichen, die Wiederholung der nämlichen Gesichtszüge, Charaktere, Schicksale, verbrecherischen Taten, ja der Namen durch mehrere aufeinanderfolgende Generationen.[161]

Das Alter Ego, das sich demnach abspaltet und alles das verkörpert, was das Ich *nicht* ist, gerne wäre oder gar unterdrückt, steht dem Ich spiegelbildlich gegenüber. Wie schon erwähnt, wird Pete in *Lost Highway* oftmals als Alter Ego von Fred gedeutet – und formale Parallelitäten im Film bestärken diese Annahme. Ehe Fred sich das Videotape ansieht, auf dem er als Mörder zu sehen ist, durchläuft er den dunklen Gang seines Hauses, entfernt sich von seiner Frau, die ihn ruft aber keine Antwort erhält und begegnet sich selbst im Spiegel (Abb. 1). Die Aussage Michalskys es „wird klar, wo Fred sich befand: im Fernseher nämlich",[162] halte ich für fragwürdig, scheint er sich doch vielmehr für einen kurzen Moment an einem „Nicht-Ort" zu befinden, an einem dunklen Ort der Selbsterkenntnis oder der Vorahnung, kurz bevor das Geschehen seinen weiteren Verlauf nimmt.

Später gibt es erneut eine fast identische Einstellung (Abb. 2) – hier ist es jedoch Pete und sein Spiegelbild statt Freds, die sich aus der Dunkelheit schälen, der Bildaufbau

---

[160] Herget 2009: 245.
[161] Freud, Sigmund (2010a) *Das Unheimliche*, auf: http://www.gutenberg.org/files/34222/34222-h/34222-h.htm (01.02.2014).
[162] Michalsky, Tanja (2006) „David Lynch: *Lost Hihgway*. Ein filmischer Beitrag zur Medientheorie, in: Hensel, Thomas/ Krüger, Klaus/ Michalsky, Tanja (Hg.) *Das bewegte Bild. Film und Kunst*, München: Fink, 397-418, hier: 413.

ist genau spiegelverkehrt. Auch wie bei Fred ist sein Gesichtsausdruck ein zweifelnder, selbstprüfender, doch weder Fred noch Pete vermag der Blick aus dem Spiegel heraus Antworten zu geben, sie bleiben im Dunkeln – um nicht zu sagen überschattet im Sinne der altertümlichen Symbolik.

Abb. 1: Screenshot *Lost Hihgway*, Blick Freds in den Spiegel, TC: 36:26.

Abb. 2: Screenshot *Lost Highway*, Blick Petes in den Spiegel, TC 1.05.39.

Diese spiegelverkehrten Einstellungen, ebenso wie die Fotografie von Renée und Alice, machen die Thematik des Doppelgängers deutlich auf der Bildebene. Sie verdeutlichen die Parallelität, die sich auch auf Text- oder Tonebene zeigt: Beispielsweise ist die Saxofonmelodie, die Fred in der Bar spielt, auch in der Autowerkstatt Petes zu hören, was ihm Kopfschmerzen hervorruft; ebenso wie ein Gespräch zwischen Alice und Pete in fast dem selben Ablauf stattfindet wie eines zwischen Renée und Fred. Ein viel zitierter Spiegelblick findet sich auch in *Mulholland Drive*: nämlich der Moment, kurz nachdem Betty die Frau ohne Gedächtnis fragt, wie sie heiße. Sie blickt in den Spiegel, auch hier wieder nach Antworten suchend, die ihrem Bewusstsein entglitten sind, und sieht in einem weiteren kleineren Spiegel ein Plakat des Filmes *Gilda* mit Rita Hayworth, woraufhin sie sich Rita nennt (Abb. 3). Ebenso wie an dieser Stelle auf den *noir*-Film verwiesen wird, wird das „sich-selbst-Erkennen" fast ironisierend zur Schau gestellt: Rita/Camilla erkennt sich selbst nicht, doch ist es ein Filmplakat ausgerechnet in einem Spiegel, dass ihr zur vermeintlichen Identitätskonstruktion behilft.

Abb. 3: Screenshot *Mulholland Drive*, TC 24.15

Gesteigert wird der Spiegelblick Ritas noch an späterer Stelle, wenn sie beschließt, sich nun eine blonde Perücke anzuziehen – beide Frauen blicken in den Spiegel und sind nun selbst zu Doppelgängerinnen geworden (Abb. 4).

Abb. 4: Screenshot *Mulholland Drive*, TC 1.35.23.

Als spiegelbildlich erweist sich jedoch auch die Gesamtstruktur des Filmes, indem, wie in der Handlungsabfolge bereits dargestellt, jeder Rolle eine andere beigemessen wird, die Identitäten sich zu verschieben und zu spiegeln scheinen. Nicht nur optisch macht Betty eine Verwandlung durch von strahlend und hübsch zu blass und überspannt und Rita von verängstigt und verunsichert zur glamourösen *Femme fatale*, auch ihre Charaktere transformieren sich gleichermaßen. Der Gegensatz zum klassischen Rollentausch, wie Herget ihn vor allem für die Komödie beschreibt,[163] besteht hier vor allem darin, dass Menschen hier nicht mit einer bestimmten Absicht oder zur Verwirrung in andere Rollen schlüpfen, sondern dass sie die jeweils andere Rolle *sind,* dass sie in beiden Welten – lässt man einmal die Interpretation der begehrenden Diane beiseite – gleichberechtigt zu existieren scheinen. Die Spiegelsequenzen reflektieren diesen Aufbau des Filmes, wie auch Liptay bemerkt: „Die Komposition reflektiert hier die Verschachtelungen und Mehrfachspiegelungen der Erzählung, die Lynch nach dem Prinzip der *mise en abyme* (André Gilde) montiert."[164]

Mit der Gleichschaltung der jeweiligen Doppelgängerpaare scheint sich das Alter Ego der einen in der jeweils anderen zu finden – denn wie gesagt, findet sich kein konkreter Hinweis auf einen Wunschtraum Dianes, auch wenn diese Lesart nahe liegt, so könnte Diane selbst auch ebenso ein Albtraum Bettys sein.

---

[163] Vgl. Ebd.: 130f.
[164] Liptay 2005: 321.

Im Doppelgänger konkretisieren sich, so wird schließlich offenbar, geheime Wünsche, Sehnsüchte und Idealvorstellungen, die das Urbild selbst nicht verwirklichen kann und dadurch auch zu einer essenziellen Bedrohung einer fragilen Persönlichkeit werden können. Das Alter Ego wird zum quälenden Spiegelbild des eigenen Ichs. Das stetige Abgleiten und der schleichende Kontrollverlust des Protagonisten stehen dabei im Mittelpunkt der meisten Filme, wie auch der Literatur [...].[165]

In *Inland Empire* hingegen verliert sich Nikki in einer tatsächlich anderen Rolle – eine, die sie zu vereinnahmen scheint aufgrund ihrer unglücklichen Ehe. Auch hier findet sich eine Sequenz, in der Nikki hinter die Studiokulisse ins Dunkle tritt. Der Spiegel hinter ihrem Rücken verbildlicht die Abkehr von ihrem Schauspieler-Ich und den Eintritt in ihre Rolle, gleichwohl in die Wirrungen und Abgründe ihres Verlorenseins (Abb. 5): Sie sieht sich selbst nicht und erkennt sich selbst nicht mehr. Es sind vor allem diese sich spiegelnden Figuren, die dazu beitragen, dass die Narrationen bei Lynch, wie Höltgen schreibt, zerfallen: „Die Verdoppelung, die sich im Spiegelbild visualisiert, findet ihre Entsprechung in der dekonstruierenden Verdopplung der Erzählung selbst [.]"[166]

Abb. 5: Screenshot *Inland Empire*, Nikki oder Sue? TC 59.19.

---

[165] Herget 2007: 183.
[166] Höltgen 2001: 22.

Nicht zuletzt ist das Spiegelmotiv bei Lynch aber, von diesen einigen Beispielen, bei denen tatsächlich ein Spiegel ins Bild gerät, auch ein mediales und wird vor allem durch Montage erzeugt. Erst durch den Schnitt zusammengeführt erfahren die einzelnen Stränge die Doppelung, die ihre Komplexität verdichtet. Es stellt sich die Frage, wer eigentlich das Spiegelbild von wem ist, und gerade bei *Mulholland Drive* erfolgt eine De-Hierarchisierung – der Betrachter steht quasi „zwischen" den sich spiegelnden Subjekten, was die Rezeption der Filme und ihre *accessability* erschwert und zu ihrer Surrealiät beiträgt.

2.3.2. Raum
Dieselbe Negation, so Höltgen, erfahren die Räume in den Filmen Lynchs: „Sie sind ineinander verschachtelt, enthalten mehrere Ebenen (oder „Unterdimensionen"), entstehen und verschwinden [...]."[167] Räume bzw. die *mise en scène* bei Lynch sind gekennzeichnet durch eine gewisse Düsterheit und Zusammenhanglosigkeit.[168] Man denke hier an die Autofahrt im Dunkeln zu Beginn von *Lost Highway*, an die Gänge und die Dunkelheit im Haus der Madisons oder hinter den Kulissen sowie beim Therapeuten in *Inland Empire*: „Wo das Dunkel Einzug erhält, verliert die Architektur ihr strukturierendes Potential, und jede Öffnung in ihren festen Strukturen ist wie das Tor zu einer anderen Welt."[169] Gerade in *Inland Empire* wird dem Raum ein hoher Stellenwert beigemessen, beispielsweise in oben erwähnter Spiegelsequenz: Kurz zuvor blickte die Kamera noch in die Sonne, dann tritt Nikki hinter die Kulisse des Studios und taucht in die Dunkelheit ein. Diese Räume könnten durchaus verstanden werden als Innen- oder irgendwie geartete „Anders-Räume",[170] die Zeit sowie jeglicher Bezug scheinen in ihnen aufgehoben zu sein. Pabst bezeichnet sie auch als „Un-Orte [...], Leerstellen, die sich in die Fugen drücken und das Zusammenspiel

---

[167] Höltgen 2011: 21.
[168] Vgl. Pabst, Eckhart (1998) „He will look where we cannot." Raum und Architektur und den Filmen David Lynchs, in: ders. (Hg) *„A Strange World." Das Universum des David Lynch*, Kiel: Ludwig, 11-30, hier: 17.
[169] Ebd.: 26.
[170] Oder :„Mentale Landschaften", Jerslev, Anne (1996) *David Lynch. Mentale Landschaften*, Wien: Passgen.

der einzelnen Glieder undeutlich werden lassen."[171] Kerstin Stutterheim sieht weiterhin die verwinkelte Innenarchitektur, durch die Nikki sich tastet, als Metapher ihres eigenen Inland Empires und ist[172] ebenso wie Höltgen der Ansicht:

> Ein typisches Konstruktionsprinzip für den „Lynschen Raum" besteht im Arrangieren einzelner Elemente, deren Zweckmäßigkeit nicht (mehr) gegeben ist. Dadurch werden diese Räume unantastbar, sie existieren autark, unabhängig von ihrem Bewohner. Somit ist in ihnen auch alles möglich, der Protagonist hat darauf keinen Einfluss.[173]

Bezeichnend für die Filme Lynchs ist – und das gerade mit einer räumlichen Betrachtung – die permanente Überschreitung von Grenzen bis zu ihrer Verwischung hin. Die wichtigste Eigenschaft von durch Grenzen geteilten Räumen ist eigentlich, so Lotman, die Unüberschreitbarkeit der Grenze. So sollten Oppositionen wie Innen und Außen, lebend und tot etc. unüberwindbar getrennt sein.[174] Als ereignishaft in einem Text lässt sich weiterhin nach Lotman eine Grenzüberschreitung einer Figur betrachten.[175] Es zeigt sich auch hier eine Schwierigkeit, die den Filmen anhaftet: Die Räume können oftmals keiner Opposition klar zugeteilt werden, so kann man von ihnen eher von einem „sowohl-als-auch" sprechen, als von einem „entweder-oder". Die Grenzen von Räumen, seien es tatsächliche Wände (plötzliches Hinaustreten Nikkis in fremde Außenwelten, der Mystery Man in Freds Haus), absurde (die Hasen), Traumräume (Dianes Phantasie) oder gar der Mensch selbst (Freds Metamorphose), werden bis hin zur Unkenntlichkeit ausgelotet.

Durch dieses Ausloten wird die Vielschichtigkeit ersichtlich, die Brüchigkeit und Oberflächlichkeit der „Wirklichkeit", die nur Fassade ist, hinter der das Dunkle und Fremde hervorbricht und zu Tage tritt, wie bereits in *Blue Velvet*. „Der Vorstellung von Räumlichkeit kann schlagartig nicht mehr vertraut werden. Was Raum war, verwandelt sich in einer psychischen Zerreißprobe in Fläche. Keine der komplizierten optischen Strukturen, die der Maler und Filmemacher einsetzt, kann man isolieren

---

[171] Pabst 1998: 13.
[172] Vgl. Stutterheim 2011: 48.
[173] Ebd.
[174] Vgl. Lotman, Jurij (1972) *Die Struktur literarischer Texte*, München: Fink, 327.
[175] Ebd. 332.

und genau definieren."[176] Gestützt wird dies durch den Dekor, wie McGowan zu *Lost Highway* schreibt:

> Fred's world lacks the visual fullness, the depth, of Peter's; there is a sense of emptiness here, which Lynch establishes through the use of a minimalist décor and subdued lighting in Fred's house. This emptiness provides the space for desire – something seems lacking, thus impelling the movements of desire. By minimizing the depth of field in the shots of Fred's world, Lynch creates a sense of flatness in that world. Everything seems to be taking place on the surface, without any depth. The use of color and sound also as do the feeling of depthlessness: the colors are drab (black, grey, taupe, dark orange), and there are long periods of silence without any background sound.[177]

Eine ähnliche Gegensätzlichkeit findet sich auch in *Mulholland Drive,* dessen erster Teil wesentlich farbenfroher, fast naiv gestaltet ist, vom stetigen bedrohlichen Unterton abgesehen. Der zweite Part des Filmes ist aber, ab der Sequenz im Club Silencio, von dem die Kamera geradezu angezogen zu werden scheint, gedämpfter in seiner Farbigkeit sowie Stimmung.

Des Weiteren finden sich in den Filmen Lynchs oftmals ungewöhnliche, verzerrte Einstellungen von Räumen, ebenso wie auch Unschärfen.[178] Meist ist das bei Subjektiven (Vgl. Abb. 6,7) der Fall, beispielsweise in der Masturbationsszene Dianes oder der verzerrten Sicht Freds oder Nikkis beim Durchschreiten von Gängen, was eine verschrobene Sicht ihrer Welt nahelegt. Ebenso sind aber auch ungewöhnliche Winkel in extern fokalisierten Aufnahmen vorhanden. *Inland Empire* ist beispielsweise in den Innenaufnahmen von Nikkis Haus stark davon geprägt, Räume scheinen seltsam verbogen in ihren Fluchtlinien, fast unheimlich. Gestärkt wird dieser Eindruck noch durch lange Kamerafahrten, durch ein langsames „um die Ecke schauen" der Kamera, das die Erwartungen eines Horror-geübten Publikums schürt, um sie dann doch zu brechen.

Noch einmal zusammengefasst sind die Räume Lynchs geprägt von einer düsteren Atmosphäre, von einer Dunkelheit, der zumindest in *Mulholland Drive* und *Inland*

---

[176] Spies, Werner (Hg.) (2009) *David Lynch - Dark Splendor, Raum Bilder Klang*, Ostfildern: Hatje Cantz, 26.
[177] McGowan 2007: 156.
[178] Vgl. Pietsch, Volker (2008) *Persönlichkeitsspaltung in Literatur und Film. Zur Konstruktion dissoziierter Identitäten in den Werken E. T. A. Hoffmanns und David Lynchs*, Frankfurt a.M.: Lang, 79f.

Empire noch eine hellere, aber genauso wenig kathartische Ebene gegenübergestellt wird. Weiterhin scheinen diese Räume keinen festen Grenzen untergeordnet, die Figuren können diese permanent überschreiten, werden ihnen gar ausgeliefert und geraten mithin an ihre eigenen. Verstärkt wird diese, für den Zuschauer ohnehin schon schwer verständliche Negation des Raumes, noch durch unkonventionelle Einstellungswinkel und Verzerrungen, was alles in allem als surreal-filmischer Bildaufbau des Raumes bezeichnet werden kann.

Abb.6: Screenshot *Lost Hihgway*, verzerrte Sicht, TC 1:42:10.

Abb. 7: Screenshot *Mulholland Dr.*, TC 34.00

2.3.3. Blick und Gesicht

Mit den oftmals eher weitwinkligen Raumaufnahmen konteragieren die von Lynch oft und gerne verwendeten Großaufnahmen der Figuren. Großaufnahmen, und das wurde schon früh erkannt, fungieren dazu, zu emotionalisieren: Ein Blick kann Wut enthalten, Trauer, Verliebtheit. Dies vermag der Betrachter zu lesen, das *close-up* trägt somit auch zur Narration einer Geschichte bei indem das Schauspielergesicht, gestützt von Mimik und Gestik, von seiner emotionalen Verfassung erzählt. Für Bela Balász war der Film mit seiner Fähigkeit, Inneres zum Vorschein zu bringen somit die „Körperwerdung des Geistes"[179], die den Menschen sichtbar macht, ihn mit filmischen Mitteln herausstellt.

Bei Lynch jedoch scheinen Nahaufnahmen ihre eigentliche Funktion zu unterwandern: oftmals passen die so erzeugten Emotionen des Schauspielergesichts nicht in den Kontext oder lassen sich nicht eindeutig deuten.

---

[179] Balász, Bela (1982) *Schriften zum Film. Band I Der sichtbare Mensch. Kritiken und Aufsätze 1922-1926*, Berlin: Henschelverlag Kunst und Gesellschaft, 56.

Abb.8: Screenshot *Mulholland Drive*, TC 18.42.

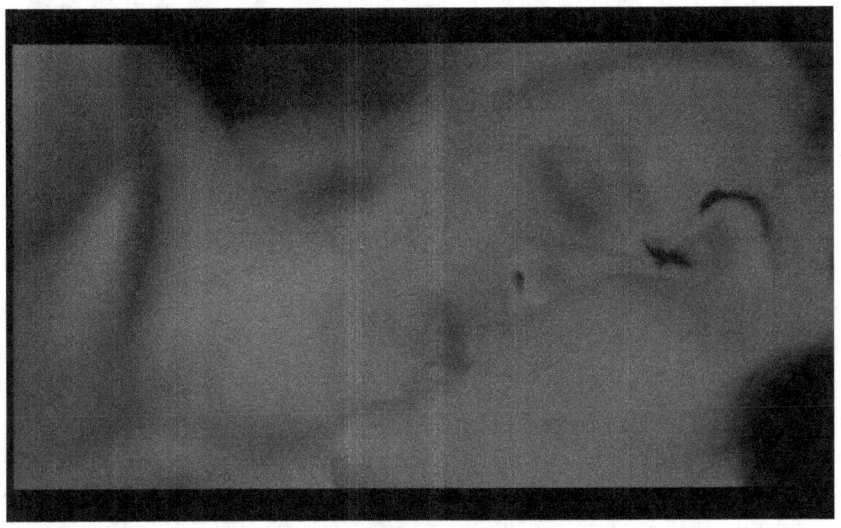

Abb. 9: Screenshot *Mulholland Drive*, TC 1.39.04.

So beispielsweise das ältere Ehepaar in *Mulholland Drive*, das Betty im Flugzeug kennengelernt hatte. Nachdem sie sich von ihnen verabschiedet, steigen sie in ein Taxi und grinsen, die Zähne gebleckt, mal sich gegenseitig, mal jeder für sich aus dem Fenster blickend (es wird zwischen beiden in Nahaufnahme hin- und her geschnitten, Abb. 8 zeigt eine Halbtotale). Dieses Grinsen mutet dabei seltsam und künstlich an, in keinem Fall aber so freundlich, wie das Paar sich zuvor noch Betty gegenüber gab. Man könnte fast meinen, es habe etwas Böses vor – was sich am Ende, wenn das Paar in Miniaturform Dianes Selbstmord beiwohnt, zu bewahrheiten scheint. Weiterhin findet sich in *Mulholland Drive* eine Konzentration auf die Gesichter der beiden Frauen. Besonders prägnant ist eine Einstellung, die beide schlafend zeigt (Abb. 9): die Gesichter verschmelzen durch die innere Montage des Bildes scheinbar zu einem, was Dianes Sehnsucht zeigt mit Rita/Camilla eins zu werden.[180] Des Weiteren blickt Rita oft mit weit aufgerissenen Augen verängstigt in die Kamera, die Nahaufnahmen können hier gleichgeschaltet werden mit bereits erwähnter Kamerafahrt an Ecken heran. Sie bewirken ein Gefühl des Unheimlichen, des Schauderns, eine Vermutung, es stecke „mehr" dahinter – doch die Vermutung wird im Raum stehen gelassen. Die Großaufnahme im Club Silencio, in der beide Frauen sich tief ergriffen von der Bühnendarbietung zeigen, referiert auf ihre eigene Emotionalisierung, so wie sie diese als filmische herausstellt, wie unter dem Punkt der Metalepse noch genauer geschildert werden soll: Das Gesicht ist weniger Ausdruck von Emotion, als vielmehr filmische Inszenierung derselben.

Insbesondere macht dies *Inland Empire* deutlich, indem ständig extreme *close-ups* bis hin zur kompletten Verzerrung verwendet werden. Die Kamera und somit der Blick des Betrachters scheint sich den Figuren förmlich aufzudrängen, meist ist eine leichte Untersicht der Fall, was auf die Dauer der Betrachtung gar Unwohlsein hervorruft (Abb.10, 11, 12). Gerade bei dem irren Blick der Besucherin aus der Nachbarschaft stellt sich durch die extreme und ungewöhnliche Nähe ein Gefühl der Unheimlichkeit ein. Oftmals zeigen die Großaufnahmen Nikkis Emotion grundlos im schieren Exzess – ihr Gesicht ist verzerrt, weit aufgerissene Augen, offener Mund, wirrer Blick, Tränen. Doch ein Mitleiden des Zuschauers wird aufgrund der permanenten Verwirrung eher unterwandert denn gefördert, selbiges gilt auch für die Nahaufnahmen des „Lonely Girls". Der Film macht in seinen Nahaufnahmen deutlich: „In den Filmen haben Naheinstellungen unübersehbar auch eine ermittelnde Funk-

---

[180] Vgl. auch Liptay 2005: 319.

tion. Das Fokussieren vernachlässigt den Kontext und produziert durch die Vergrößerung, die auf diese Weise zustande kommt, Unwirkliches."[181] Es ist ein ungewöhnlicher, vergrößerter Blickwinkel, den die Kamera hier einnimmt, wodurch das Bild surreal wirkt – es entspricht jedenfalls keiner „normalen" Wahrnehmung.

Abb. 10, 11 und 12: Screenshots aus *Inland Empire*, extreme Close-Ups bis hin zur Verzerrung, TC 12:59, 34:52, 2:35:46.

Zudem verweisen aber die Großaufnahmen, wie auch hinsichtlich der Räume schon erwähnt, auf ihre Oberflächlichkeit: Das Gesicht wird als Oberfläche zur Schau gestellt, gleichsam kann ihm als Fläche aber auch psychologische Tiefe beigemessen

---

[181] Spies 2009: 29.

werden,[182] mit der in den Filmen Lynchs extrem gespielt wird. Denn Emotion ist bei Lynch, wie gezeigt wurde, nicht immer auch tatsächlich Emotion. Lynchs Vorliebe für Oberflächen, Texturen, sowie darunter Liegendes ist bekannt, so äußert er sich:

> I don't necessarily love rotting bodies, but there's a texture to a rotting body that is unbelievable. Have you ever seen a little rotted animal? I love looking at those things, just as much as I like to look at a close-up of some tree bark, or a small bug, or a cup of coffee, or a piece of pie. You get in close and the textures are wonderful.[183]

Der Spiegel kann als Metapher für die Beschaffenheit von Lynchs Filmen dienen: als glatte Oberfläche eröffnet er dennoch den Blick auf eine dahinter liegende Tiefenstruktur. So können auch die Filme mit ihrer bildhaften und gleichwohl aufbrechenden sowie grenzüberschreitenden Inszenierung von Doppelgängern, Räumen und Gesichtern betrachtet werden als „Oberflächenphänomene" – es sei an dieser Stelle auch verwiesen auf die Verwandlungsszene Freds, die dies verdeutlicht.[184] Es wird eine Oberfläche zur Schau gestellt, die einerseits gerade durch filmisch-formale Mittel den Blick auf ihre Materialität lenkt, sich somit auf sich selbst als Bild rückkoppelt, die andererseits stets aber auch auf tiefer liegendes verweist.[185]

---

[182] Vgl. hierzu auch Brunner Brunner, Philipp (2008) „Augenblicke des Gefühls. Gesichter in Großaufnahme", in: Arburg, Hans-Georg von/ Brunner, Philipp et al. (Hg.) *Mehr als Schein. Ästhetik der Oberfläche in Film, Kunst, Literatur und Theater*, Zürich/Berlin: diaphanes, 201-217, hier: 213.
[183] Lynch 2007: 121.
[184] So auch Bähr, Ulrich (1998) „'Dealing with the human form.' Deformation als ambigue Zeichen künstlerischer Freiheit und zerstörerischer Macht", in: Pabst, Eckhard (Hg.) „A Strange World." Das Universum des David Lynch, Kiel: Ludwig, S. 183-196, hier: 190: „Lynch rückt seine Figuren durch die Deformation, d.h. durch ihre Rekombination im Rahmen seiner künstlerischen Freiheit, weg von als authentisch empfundenem Menschsein hin zu dem, was sie eigentlich sind: Abbildungen, Schöpfungen eines Künstlers oder eines industriellen Prozesses. Der formende Einfluß des Künstlers wird nicht wie im Mainstream-Kino verschleiert, sondern betont."
[185] Vgl. Stauffer, Isabelle/ Keitz, Ursula von (2008) „Lob der Oberfläche. Eine Einleitung", in: Arburg, Hans-Georg von/ Brunner, Philipp et al. (Hg.) *Mehr als Schein. Ästhetik der Oberfläche in Film, Kunst, Literatur und Theater*, Zürich/Berlin: Diaphanes, 13-31, hier: 28f.

2.4. Einschübe unerklärlicher und unwirklicher Elemente

Der durch besagte formale Verfahren sowohl ästhetisch als auch auf Ebene der (psychologischen) Vielinterpretierbarkeit surreale Bildaufbau wird auf Seiten der Narration gestützt von unerklärlichen Elementen, die den Filmen „den letzten surrealen Schliff" verpassen. Diese sollen im Folgenden kurz diskutiert werden.

2.4.1. Der „Mystery Man" in Lost Highway

Als „Mephistopheles, Dämon, Repräsentant des Anderswo, Verkörperung des Unheimlichen, Vampir, Incubus, Todessymbol"[186] und anderes wird der Mystery Man im Versuch seiner Deutung in der Sekundärliteratur bezeichnet. Zurecht, da er sich einer Deutung schlichtweg permanent zu entziehen scheint: Er befindet sich, auf der Party mit Fred redend, auch gleichzeitig am andern Ende einer Telefonleitung in dessen Haus, was wohl die größte Irritation hervorruft. Sein Gesicht ist seltsam weiß geschminkt, sein Blick fast beängstigend.

Als *unheimlich* im Freud'schen Sinne kann er vor allem eben deswegen gelten, da er ins *Heimische* eindringt, wie Höltgen bemerkt.[187] Und doch ist gerade er bei allen Wendungen, welche die Handlung erfährt, die einzige Konstante. Da er der einzige ist, dem in beiden Teilen des Films dieselbe Rolle beigemessen wird, liegt es nahe, in ihm eine Art Teufel zu sehen, der sich für alles verantwortlich zeichnet. Einer solchen Interpretation trägt auch bei, dass er, während er Fred hilft, Dick Laurent zu töten, eine Kamera hält – er könnte also der Ursprung der Aufnahmen von Freds Mord an Renée sein.[188]

> Zusammengehalten wird diese in der Verkürzung noch erheblich abstruser erscheinende ›Geschichte‹ durch die Figur des Mystery Man, der als moderne Verkörperung eines Mephistopheles die Ereignisse zu dirigieren scheint. Als innerfilmische Verkörperung des Regisseurs ist er Inhaber einer omnipotenten Videokamera, die Bilder produziert, deren genaue Entstehung im Unklaren bleibt.[189]

---

[186] Zit. nach Höltgen 2001: 98.
[187] Vgl. ebd: 99.
[188] Vgl. ebd.: 98ff.
[189] Michalsky 2006: 400.

Abb. 13: Screenshot *Lost Highway*, Mystery Man TC 1:53:15.

Eine Interpretation, die auch den Ursprung der Bilder erklären würde, ist, den Mystery Man als Ausdruck von Freds Bewusstsein zu betrachten, denn wie Münsterberg schreibt:

> Unser Bewußtsein ist gespalten, es kann augenscheinlich in einem seelischen Akt gleichzeitig hier und dort sein. Diese innere Teilung, dieses Bewußtsein kontrastierender Situationen, dieser Wechsel von divergierenden Erfahrungen in der Seele kann sich nirgends darstellen, außer im Lichtspiel.[190]

McGowan meint gar, in ihm die Manifestation des von Freds Über-Ich zu erkennen: „The superego is, in one sense, at the source of the feeling of being watched, though its ultimate source lies in our sacrifice of desire to the law."[191] Den Mord Renées, der einer moralischen Instanz widerspräche, erklärt er mit: „Morality always comes down to – and this is why Lacan contrasts it with an ethics of desire – the command

---

[190] Münsterberg, Hugo (1996) Das Lichtspiel. Eine psychologische Studie (1916) und andere Schriften zum Kino, Hrsg. V. Jörg Schweinitz, Wien: Synema, 62f.
[191] McGowan 2007: 160.

to sacrifice the object because the object's ambiguity is what keeps pushing desire forward. Morality aims, in short, at arresting the disturbance that desire causes."[192] Ich halte eine solche innerfigurale Interpretation des Mystery Man für fragwürdig, zumal ihr widerspricht, dass der Mystery Man auch von anderen wahrgenommen wird.[193] Entgegen dieser Deutungen, die am Ende wieder nur in einen interpretatorischen Lost Highway münden, erscheint es der leichteste Ausweg zu sein, den Mystery Man bei seinem Namen zu nehmen und ihn zu fassen als Verkörperung des filmisch möglich-unmöglichen, als „Repräsentant und Versinnbildlichung der Medien und der ihnen zugeschriebenen Funktion"[194] oder gar als *MacGuffin*, der ohne tatsächlichen tieferen Sinn die Handlung vorantreibt.[195] Mit dem Telefonat referiert der Film genau auf jenen Wahrheitsgehalt der Bilder, der im Zusammenhang mit der Video-Mord-Sequenz weiter unten noch ausführlicher besprochen werden soll: Wir müssen, ebenso wie Fred, schlichtweg *glauben* was wir hören und sehen. Das Telefon gilt hier in ähnlicher Weise als mediale Rückversicherung für den Realitätsstatus des Phantastischen. Und doch verweist er gleichermaßen auf seine Konstruiertheit – in jedem Fall aber ist der Mystery Man in höchstem Grade surreal.

2.4.2. Die „Blue Box" und der Schlüssel in Mulholland Drive

Einen ähnlich ontologisch nicht erklärbaren Status hat das blaue Kästchen in *Mulholland Drive*. Als dasjenige Objekt, das von einer Ebene der Geschichte in die andere führt, bleiben seine tatsächliche Bedeutung und Herkunft dennoch schleierhaft. Was es ist, meint auch Lynch selbst nicht zu wissen: „I don't have a clue what they are."[196] Fast erinnert sein schlichtes Dasein an den schwarzen Monolithen in Kubricks *2001: A Space Odyssey* (GB/USA/F 1968), ein Vergleich, der sich aufgrund des Zusammenhangs mit Bewusstsein und Bewusst*werdung* anbietet. Zusätzlich erinnert es stark an das Kästchen, das ebenfalls mit einem Schloss versehen um den

---

[192] Ebd. 163.
[193] Vgl. Höltgen 2001: 101.
[194] Ebd.: 100.
[195] Vgl. ebd.: 58.
[196] Lynch 2007: 115.

Hals eines Mannes in *Un chien andalou* hängt. Eine Frau öffnet es, nachdem er einen Unfall erleidet und holt eine Krawatte heraus, später schließt eine andere eine abgetrennte Hand darin ein und auch sie wird überfahren. Irgendwie mit Tod scheint es also verbunden, doch erklären kann man die Bedeutung dieses Kästchens nicht.

Eine Möglichkeit ist, das blaue Kästchen in *Mulholland Drive* als Versinnbildlichung von Dianes Bewusstsein zu interpretieren, möglicherweise als latentes Zeichen ihres Gewissens. Der Schlüssel, der es am Ende öffnet, ist schließlich gleichsam auch Zeichen für den erfüllten Auftragsmord an Rita, so ist er in der Traumwelt nach diametraler Logik am Ende möglicherweise nicht, wie eigentlich üblich, Schlüssel zu einem Geheimnis, sondern gar Schlüssel zur Wahrheit. Das Kästchen als Symbol dieser inneren, verdrängten Wahrheit Dianes führt folglich zur äußeren zurück. Auch seine Farbe könnte im Sinne der Romantik und ihrer blauen Blume stehen für Sehnsucht, Verbundenheit und (Selbst)Erkenntnis, zumal sich ein Zusammenhang aufzutun scheint zu einem Spot Lynchs für Dior, in dem er eine Blume gleichen blauen Farbtons plakativ inszeniert (hier aber stehend für die Sehnsucht nach der Tasche *Lady Dior*).

Das Kästchen bleibt letztlich aber unerklärlich, vor allem in Anbetracht des eingangs eingeführten Realitätsstatus von Bettys und Ritas Geschichte erscheint seine Wirkkraft geradezu phantastisch. Und doch fungiert es als einziges phantastisches, surreales Element, das die beiden realistisch gezeichneten Stränge zusammenbringt – es ist am Ende also vielleicht auch hier nur ein *MacGuffin*, der uns vormacht, mehr zu sein als schlicht ein Objekt, das einen Fortgang, in diesem Fall vielmehr eine Umkehr des Plots ermöglicht.

2.4.3 Die Hasen in Inland Empire

Den mithin wohl surrealsten Effekt in *Inland Empire* haben die eingeschobenen Hasensequenzen, die für die Handlung des Filmes keine direkte Relevanz zu haben scheinen, außer dass sie die Ebenen des *Lost Girls* und Nikkis miteinander verknüpfen. Zuerst sieht das *Lost Girl* sie im Fernseher vor dem sie weinend sitzt: Zu sehen sind in dieser Einstellung drei Hasen, gekleidet wie Menschen und auf zwei Beinen stehend, die sich in einem Wohnzimmer befinden. Platthaus sieht in den Hasen einen

Bezug zu Max Ernst, da die Kombination von Menschenkörpern und Tierköpfen ein Topos Ernsts sei, was als Einfluss nicht undenkbar ist.[197] Im Original synchronisiert von Naomi Watts und Laura Harring, den Schauspielerinnen aus *Mulholland Drive*, tut sich hier zudem ein intertextueller Bezug zwischen beiden Filmen auf, und ebenso wird nicht ganz klar, um welchen Filminhalt ihre Gespräche sich drehen: Sie sprechen von einem Geheimnis und davon, dass „etwas rot war", was an den Lampenschirm aus *Mulholland Drive* erinnert, doch es mag auch sein, dass sie über *Inland Empire* selbst sprechen, da sie selbst auf so seltsame Weise mit dem Film bzw. dem Film im Film verwoben sind. Zuerst öffnet der „Hasenmann" die Tür, er verlässt den Raum, und es wird in Nikkis Wohnzimmer übergeblendet, woraufhin Nikkis Handlungsebene erst beginnt. Beim zweiten Auftritt der Hasen klingelt ihr Telefon (beim ersten Mal sprachen sie noch davon, heute habe niemand angerufen) und es ist Nikkis Stimme zu vernehmen, die „Hallo?... Hallo..." sagt und dann „Billy?..." woraufhin das Lachen eines nicht vorhandenen Publikums eingespielt wird. Ein letztes Mal tauchen die Hasen auf, als Nikki umherirrt und die Tür 47 öffnet. Nachdem einer der Hasen schon in ihrer ersten Sequenz meinte, er höre jemanden, richten die Hasen in mystischer Zeitlupe ihre Köpfe nach links zur Tür, dann scheint Nikki in den Raum der Hasen rückwärts einzutreten, doch sie sind verschwunden.

Das Setting der Szenen ist bühnenartig, was, wie unter anderem Pabst bemerkt, bei Lynchs *mise en scène* oft der Fall ist. Die Bühnenräume fungieren laut Pabst als Orte der Utopie und der Phantasmatik, sie seien Leseanleitungen seiner Räume überhaupt und zudem Orte, von denen aus der Regisseur seine Welten inszeniert.[198] Gewissermaßen trifft dies auch auf die Hasensequenzen zu, wenn hier auch kein „man behind the scenes" im Sinne eines *Man In The Planet* aus *Eraserhead* (David Lynch, USA 1977) eingeführt wird, so wird der Mann an den Hebeln, nämlich Lynch selbst, an dieser Stelle trotzdem durchaus spürbar. Es ist nicht nur eine Bühne nach Guckkastenprinzip die wir hier sehen, sondern der Aufbau einer typischen Wohnzimmer-Situation, wie sie aus Sitcoms wie beispielsweise *Friends* (USA 1994-2004) geläufig sind. Es werden also Fernsehklischees aufgerufen und stark verfremdet in „Hasenform" präsentiert, während sie mit Nikkis Ebene gleichgeschalten werden bzw. sogar in sie übergehen. Die Surrealität wird noch gesteigert auf Tonebene, indem das von Sitcoms bekannte eingespielte Lachen an Stellen die nicht lustig sind, eingespielt

---

[197] Vgl. Platthaus in Spies 2009: 279.
[198] Vgl. Pabst 1998: 19f.

wird. Einmal sagt die „Hasenfrau", es habe „mit der Zeit zu tun", was als indirekte Anspielung auf den weißen, immer zu spät kommenden Hasen und die Teeparty aus *Alice im Wunderland* vielleicht noch zum Lachen bringen könnte. Wahrscheinlicher aber lacht das imaginäre Publikum aber über die Selbstreferentialität der Hasen, beispielsweise an späterer Stelle, wenn sie sagen, das hier (interpretierbar als der Film selbst) sei nicht so wie es war. Wirklich lustig allerdings ist hier nichts – wirklich sinnvoll ebenso wenig. Die Unsinnigkeit solcher Einspieler wird dadurch auf fast schon unangenehme Weise zur Schau gestellt, die Macht des Regisseurs deutlich: Bezeichnenderweise sagt auch der Regisseur von *On High in Blue Tomorrows*: „I used to raise rabbits." So ist der Einbau der surrealen Hasensequenzen am Ende am ehesten noch ein Verweis auf im eigentlichen Sinne ebenso „irreale," aber illusionistisch und „realistisch" konstituierte TV-Formate, die Schauspieler darin nichts anderes als „dressierte Hasen".

Zusammenfassend lässt sich, betrachtet man einige besonders auffällige Einstellungen (*cues*) der Filme anhand ihrer Bildgestaltung, feststellen, dass sie schon allein durch ihre Narratographie einen Hohen Grad an Surrealität erfahren: Das Surreale ist hier das Spiel mit dem Alltäglichen, in Anlehnung an Freud das Unheimliche, das Verborgene, das sich im Vertrauten findet,[199] das (psychologisch) Tiefe, das sich (vermeintlich) hinter der Oberfläche findet. Erreicht wird dies mit Verfremdung und Paradoxie der Einstellungen – Doppelungen, Auflösung von Raum, Großaufnahmen – die der Unauflöslichkeit des Plots beitragen. Das Surreale könnte man in Anschluss an Thompson somit als „Dominante"[200] bezeichnen, die das Werk als stilgebende sowie narrative zusammenhält durch die benannten Verfahren, die vordergründig sind. Gestützt wird dies außerdem von den exemplarisch diskutierten surrealen Elementen. Diese tragen zusätzlich dazu bei, dass eine Realität der Erzählung nicht ausgemacht werden kann. Keine der Filmwelten legt offen, wie sie funktioniert: Der Mystery Man, das blaue Kästchen und die Hasen sind für jedwede mögliche Welt-Interpretation nur schwer erklärbar. Ähnliches bemerkt auch Schwarz schon zu David Lynchs frühem Werk:

---

[199] Vgl. Freud 2010.
[200] Vgl. Thompson 2003: 462.

Die potentielle 'Fantastik' in den Filmen Lynchs liegt dieserart nicht auf der Ebene einer Konfrontation bzw. der eingangs beschriebenen Kollision mit realitätskompatiblen Größen, die gewissermaßen in eine 'realistisch' strukturierende 'Weltordnung' hereinbrechen, oder auf der Ebene der Etablierung eines [...] 'Wunderbaren' [...], sondern das Verstörende und Beunruhigende an den Filmen Lynchs liegt vielmehr darin begründet, daß wir als Interpreten der Filme gleichsam dazu aufgerufen sind, zunächst aus den uns präsentierten Motiven wie auch der Textstruktur der Filme zu abstrahieren, um welche Form von (abweichender) 'Weltordnung' es sich überhaupt im jeweiligen Film handelt.[201]

Die phantastische Wirkung dieser Elemente zeigt sich also, abgesehen vom Mystery Man, den Fred sehr wohl vor sich ebenso wie am Telefon wahrnimmt, vor allem auf Seiten der Zuschauer, da die intradiegetischen Figuren sie nicht wahrnehmen können bzw. im Fall des Kästchens der Ebenentransgression nicht gewahr werden.

Es erscheint, die surrealen Einschübe der drei Filme zusammengenommen, geradezu programmatisch, dass und *wie* sie eingesetzt werden, mit Schwarz lässt sich von einer „Verrätselungsstrategie"[202] sprechen. Verwiesen sei hierbei auch auf eingangs erwähntes „Kompositionsprinzip" des Surrealismus, in dessen Schema dies passt: Es sind nicht gar so zufällige Begegnungen von Nähmaschine und Regenschirm auf dem Sezier- hier: Schneidetisch, dem wir als Zuschauer ausgeliefert sind. Insofern ist das Surreale in diesen Momenten gleichwohl auch selbstreferentiell und konstruiert-surreal, gewollt unverständlich und als unerklärliches typisch lynch'sches *filmisches* Element zu verstehen das, als Neuformulierung eines *Man In The Planet* (auch die Nachbarin in *Inland Empire* und der Cowboy in *Mulholland Drive* können als solche gelten) die Handlung im Sinne eines *MacGuffin* antreibt.[203]

---

[201] Schwarz 1998: 66.
[202] Vgl. ebd.: 59.
[203] Vgl. ebd. 62 f.

Abb. 14: Das blaue Kästchen, Screenshot *Mulholland Drive*, TC 1.50.29

Abb. 15: Screenshot *Inland Empire*, die Hasen, TC 1:59:20.

I love dream logic; I just like the way dreams go.
- David Lynch.[204]

2.5. Traumanalogie oder: Der Film als surreales kulturelles Symptom

Schon früh spielte in der Filmtheorie die Film-/Traum-, bzw. Bewusstseinsanalogie eine große Rolle[205] und wurde insbesondere von den Surrealisten zelebriert. Für die Surrealisten war der Traum *das* Mittel schlechthin zur Hinwegsetzung über Grenzen, zum Aufbruch von Logik, für das Aufbegehren des Geistes, des Absurden, des Unmoralischen – letztlich stand der Traum also auch immer in revolutionärem Kontext. Der Film als Traumanalogie hatte für sie, zumindest in seinen (realistischen!) Gestaltungsmitteln, somit genau den Grenzen auflösenden Charakter von Überraschungsmoment und A-Logik, der in ihrem Sinn war. Um ihre Wahrnehmung von Film noch mehr zu fragmentieren und noch inkohärenter bzw. traumhafter zu gestalten, machten sie das, was man heute „Kino-hopping" nennen würde und gingen, der Anfangszeiten ungeachtet, von Kinosaal zu Kinosaal.[206]

Die Gleichsetzung von Traum bzw. Bewusstseinsprozessen und Film rührt insbesondere von den Parallelen her, die ihnen in ihrer Optik beigemessen werden: Durch Montage, Fragmentierung und Diskontinuität können Filme auf bildnerischer Ebene traumähnliche Abfolgen kreieren.[207] Des Weiteren war hier auch die Haltung des Rezipienten wichtig: zum Einen der Film als *Ersatz* für Träume, dem eine kompensatorische Funktion beigemessen wurde, zum Anderen der traumähnliche Zustand, dem der Zuschauer im dunklen Kinosaal erliegt.[208] In der heutigen Forschung wird von einer solchen stringenten Analogie abgesehen, Analytikerin Zeul verwendet sie in abgewandeltem Sinn:

---

[204] Lynch 2007: 63.
[205] Vgl. u.a. z.B. Münsterberg (1996: 59): „Kurz gesagt, es [das Lichtspiel, M.A.] vermag zu wirken, wie unsere Phantasie wirkt. Es hat die Beweglichkeit unserer Vorstellungen, die nicht von der physischen Notwendigkeit der äußeren Ereignisse beherrscht werden, sondern von den psychologischen Gesetzen der Assoziation. In unserem Bewußtsein verflechten sich Vergangenheit und Zukunft mit der Gegenwart. Das Lichtspiel folgt den Gesetzen des Bewußtseins mehr als denen der Außenwelt."
[206] Vgl. u.a. Brütsch 2009: 25f.
[207] Vgl. u.a. ebd.: 34.
[208] Vgl. ebd. 30f.

> Der dunkle Kinosaal kann als Urhöhle bezeichnet werden, in dem die Zuschauer Lust und Unlust erleben, Innen und Außen, Aktivität und Passivität nicht voneinander zu unterscheiden sind. [...] Über eine Kombination von Innen- und Außenwahrnehmung wird der Film [...] einerseits passiv hingenommen, aber auch aktiv wahrgenommen (gesehen). [...] Wenn ich vom Kino als dem „Höhlenhaus der Träume" spreche, dann geht es mir nicht darum, den Film mit einem Traum gleichzusetzen. Die Metapher dient mir vielmehr als Indikator für die Feststellung unterschiedlicher Stufen im Regressionsprozess und damit verbunden verschiedener Bewusstseinszustände, die die Filmwahrnehmung begleiten.[209]

Theoretiker dieser Haltung sind mehr interessiert an der Aktivität unbewusster Prozesse, die beim Betrachter im Kinosaal ausgelöst werden, und es geht ihnen vor allem auch um das Erkennen einer möglichen Rückführung in frühe Säuglingsphasen – was sie z.B. an der aktiven Passivität festmachen oder am Erlebnis eines „Gegenwartsmoments".[210]

Nichtsdestotrotz wird neben diesen Untersuchungen auf Seiten des Rezipienten(bewusstseins) auch heute noch dem Film auf formaler Ebene nicht gänzlich seine Analogie zum Traum abgesprochen: So spricht sich u.a. Hobson – und mit Freud hat das nicht mehr viel zu tun, denn er ist Neuroanalytiker – dafür aus, dass „Filmschaffende aufgrund der spezifischen Techniken und Darstellungsmittel, die ihnen zur Verfügung stehen, in der Lage sind, [...] Mechanismen der Traumgenerierung nachzuahmen und Bildfolgen zu entwerfen, die der tatsächlichen Gestalt der Träume sehr nahe kommen."[211] Eine Analogie und ein Gleichsetzen von Traum und Film sollen aber, so Brütsch zurecht, nicht unbedacht erfolgen, sondern vielmehr, um filmische Phänomene genauer erfassen zu können,[212] man denke hierbei an Buñuels und Dalís *Un chien andalou*.

So schreiben auch Höltgen und Lahdes, Filme mit traumhaftem Charakter zeichnen sich aus durch fehlende Lokalisierung von Raum und Zeit sowie durch eine Handlung, die keiner klaren Kausalität unterworfen ist oder gar Naturgesetze unterwandert. Der Film setzt sich somit über unsere Realität hinaus und entwirft eine neue,

---

[209] Zeul 2007: 36.
[210] Vgl. ebd. 69ff.
[211] zit. nach Brütsch 2009: 34.
[212] Ebd. 40.

deren Brüche aber im Kontext ihrer *eigenen* Welt kohärent sind.[213] Genau hier findet sich auch eine Überschneidung in der Betrachtung von Lynchs Filmen als Traumanalogie auf formaler Ebene. Wie bereits ausgeführt, ist es insbesondere die Handlungsabfolge mit ihren Brüchen und verschiedenen Zeit-, Raum- und Realitätsebenen, die das Verständnis der Filme erschwert. Ebenso *scheint* es sich bei den Filmen um Bewusstseinsfilme zu handeln, da sie, einer solchen Interpretation folgend, Inneres der Protagonisten nach Außen kehren. Die Bewusstseinsebene wird aber, besonders virulent wird dies bei *Mulholland Drive*, der Realitätsebene der Filme gleichgeordnet, wie auch Jahraus schreibt:

> Mit den beiden Geschichten schildert der Film – grob vereinfacht – zwei Realitätsebenen in zwei distinkten Filmteilen, die nicht als Realität des Bewusstseins und Bewusstsein der Realität hierarchisiert werden können. Bildet sich der Zuschauer Hypothesen über den Realitäts- und Bewusstseinsstatus einer Sequenz, wird die Erklärung immer mit ihrem komplementären Gegenmodell oszillieren müssen.[214]

Ähnliches kann auch für *Lost Highway* gefolgert werden, dessen beide konstituierte Welten mehr für sich denn in Abhängigkeit voneinander zu stehen scheinen, aber dennoch Parallelen aufzeigen. In *Inland Empire* wird zwar deutlich, dass wir hier einem Verwirrspiel von Film und Film im Film unterliegen (s. Kapitel zu Metalepsen), doch wird dieses soweit gesteigert, dass Innen- und Außenwelt ineinander verschwimmen und Desorientierung eintritt. Dass diese Problematik, die Filme Lynchs zu fassen, mitunter auch durch die im vorigen Kapitel diskutierte Bildsprache evoziert werden – und hier meine ich Bildsprache auch im Sinn der Bilderfolge als Montage,[215] stützt Zeul:

---

[213] Vgl. Lahde, Maurice (1998) „'We live inside a dream.' David Lynchs Filme als Traumerfahrungen", in: Pabst, Eckhard (Hg.) „A Strange World." Das Universum des David Lynch, Kiel: Ludwig, S. 95-112, hier: 106/ Höltgen 2001: 33f.
[214] Jahraus 2004: 85.
[215] Wie auch Creed, Barbara (2007) "The Untamed Eye of the Dark Side of Surrealism: Hitchcock, Lynch and Cronenberg", in: Harper, Graeme (Hg.) *The unsilvered Screen. Surrealism on Film*, London: Wallflower Press, 115-133, hier: 115, schreibt: „The Surrealists, however, did not extol the power of image per se; rather they were drawn to the art of montage, that is, the way images could be edited together to create shocking and fantastic associations in order to affect the viewer emotionally."

> Überschwängliche Begeisterung und bedingungslose Ablehnung eines Films können Produkte dieser nicht durch Worte kontrollierten Filmsituation sein. Meine Unfähigkeit, Filme zu interpretieren, [...] lässt sich auch aus psychischer, emotionaler Überforderung durch das Bildmaterial erklären.[216]

Lynchs Antwort auf eine solche Überforderung wäre wohl, man solle aufhören, interpretieren zu wollen. Ihm geht es mehr um ein Erleben denn um ein Verstehen, um Intuition:

> People sometimes say they have trouble understanding a film, but I think they understand much more than they realize. Because we're all blessed with intuition – we really have the gift of intuiting things.[217]

Mit einer solchen Betrachtung von Lynchs Filmen rücken sie auch wieder näher an die Traumanalogie heran: „Der Traum an sich wird erlebt, nicht betrachtet. Erst das ‚Nach-Sprache-Ringen' oder auch das ‚Sprachlos-Werden' schafft die Möglichkeit für einen diskursiven Sinn. Unser Grundbedürfnis zu begreifen erfaßt auch den Traum, und das schon, während wir ihn erleben."[218] Zwar können die Filme Lynchs auf Handlungsebene nicht endgültig als Traum einer der Figuren deklassiert werden, wenn auch, wie vielfach hingewiesen wurde, gerade in *Mulholland Drive* durch den Zoom auf ein Kissen zu Beginn des Filmes eine solche Interpretation nahe gelegt wird.[219] Doch kann eine gleichsetzende Analyse des Films *als* Traum ohne ein bestimmtes träumendes Subjekt im Sinne von Freuds Traumanalyse durchaus hilfreich für ihr Verständnis sein. Ein solches Vorgehen kehrt ein stückweit ab davon, die Komplexität des Filmes durchdringen zu wollen und macht „nur die einzelnen Teilstücke seines Inhalts zum Objekt."[220] In Träumen geschehen ähnliche Paradoxien wie in Lynchs Filmen: Wir befinden uns an einem Ort, von dem wir wissen, dass er in der Realität anders aussieht und doch sind wir dort, wir können jemand anders sein und doch sind wir wir selbst, durchlaufen Metamorphosen, sehen Dinge die uner-

---

[216] Zeul 2007: 74f.
[217] Lynch 2006: 19.
[218] Gaube, Uwe (1978) *Film und Traum. Zum präsentativen Symbolismus*, München: Fink, 30.
[219] Vgl. Orth 2005: 29, Liptay 2005: 319.
[220] Freud 2010b: 121.

klärlich sind und Symbolcharakter haben. Diese Mechanismen werden in der Psychoanalyse bezeichnet als Verschiebung und Verdichtung.[221] Träume funktionieren in eigendynamischer, assoziativer Logik,[222] wie man das auch von Lynchs Filmen sagen kann.[223] In *Lost Highway* erzählt Fred Renée von seinem Traum und sagt „It looked like you, but it wasn't!" Er beschreibt somit eine träumerische Verdichtung. Auch das gleichzeitige hier-und-dort-Sein des Mystery Man kann, ebenso wie Freds Verwandlung, verglichen werden mit dem Geschehen eines Traumes. Gleichwohl können die oben diskutierten Doppelungen, Raumverzerrungen und die mit der Handlung unvereinbaren Elemente, ebenso wie die Ebenentransgressionen als traumhaft bezeichnet werden. Die bisherigen Ausführungen dies betreffend können als analog zur symbol- und bildhaften Traumdeutung verstanden werden. Entscheidend ist dahingehend, dass eine Ordnung der Handlung letzten Endes nicht aufgelöst werden kann, mit Breton:

> Innerhalb der Grenzen, in denen er sich vollzieht (zu vollziehen scheint), besitzt der Traum allem Anschein nach eine Kontinuität und Anzeichen von Ordnung. Einzig das Gedächtnis maßt sich das Recht an, Kürzungen darin vorzunehmen, Übergänge nicht zu beachten und uns eher eine Reihe von Träumen darzubieten als den Traum. Ebenso haben wir nur für den Augenblick eine deutliche Vorstellung von Realitäten, und ihre Koordination ist Sache des Willens. Und es drängt sich hier die Überlegung auf, dass nichts uns ermächtigt, auf eine größere Auflösung bei den Traum-Elementen zu schließen.[224]

Eine dem Traum bzw. der Traumanalyse verwandte Lesart, die von der formalen Gestaltung sowie Einzelelementen der Filme ausgeht, kann hilfreich sein sein ihre Komplexität ein stückweit aufzulösen. Sie gibt aber gleichermaßen den Blick frei auf das Surreale, ohne zu Überinterpretationen zu neigen, wie es in der psychoanalytischen Betrachtung oft der Fall ist. Schließlich sei auch darauf hingewiesen, dass sich, gerade nach Ansicht der Surrealisten, auch mögliche Rückschlüsse auf den Film als „kulturelles *Symptom*",[225] wie Schneider es bezeichnet, ergeben. Der Film fungiert als medialer Spiegel der Gesellschaft, wenn man so will des „gemeinhin Unbewussten" und umfasst postmodernes Gedankengut wie z.B. Identitätsproblematik.

---

[221] Vgl. Gaube 1978: 31ff.
[222] Vgl. Lahde 1998: 98.
[223] Vgl. ebd., 98-110, Lahde bestätigt dies auch für frühere Werke Lynchs.
[224] Breton 2009: 16f.
[225] Schneider 2008: 35, Hervorhebung im Original.

> What the dream offered the surrealists more than anything was an experience of otherness. For them the unconscious did not simply contain the detritus of everyday life, nor was it principally the realm of repressed memory. For all their interest in Freud, they were not concerned to rationalize the dream or the unconscious in this way. Dream was also [...] an arena of unknown experience, one that was contained within the individual, but was also projected on the collective. It was in this projective quality, that cinema could be equated with dream. Films were projected not simply in a literal but also in a communicative sense: the film was a point of convergence in which a collective myth, emanating from within the unconscious of society as a whole, could be enacted.[226]

Es zeigt sich somit am Beispiel der Filme von Lynch, dass die Motive der Surrealisten auch heute keineswegs an Aktualität eingebüßt haben, ihre Forderungen an das Kino von Lynch gar erfüllt werden können. Durch ihre fragmentierte Gestaltung können sie als Vexierbilder des Unbewussten, als traumhaft verstanden werden – sie bringen vermeintlich Bewusstsein zum Vorschein, und doch legen sie dies nicht zur vollständigen Interpretation frei und stehen damit gewissermaßen in surrealistischer Tradition. Auch sollen die Filme laut Lynch selbst mehr erlebt und erfahren, denn auf einen letzten Sinn hin überprüft werden: „Doch in der Mehrzahl der Fälle, wenn wir hingehen und uns anschauen könnten, was wirklich geschieht, würden wir auf unserem Phantasietrip enttäuscht. Deshalb finde ich Fragmente so interessant. Den Rest kann man sich dazu träumen. Man wird zum Mitspieler."[227]

Dadurch evozieren sie vielmehr, ähnlich dem Traum, eine selbstreflexive Deutungsarbeit,[228] mehr noch: Sie stellen, gerade mit ihrer Undurchdringlichkeit ihre Medialität heraus. Der Film selbst, so könnte man sagen, wird nicht nur Ausdruck kollektiver Wünsche oder Ängste, gleichwohl wird er Ausdruck des medial Unbewussten oder Verdrängten, bzw. dessen, was Film im Normalfall dem Bewussten verschleiern möchte, nämlich: dass er ein Film *ist*. [229]

---

[226] Richardson 2007: 9.
[227] Rodley 2006: 43.
[228] Vgl. Zwiebel 2008: 212.
[229] In diesem Zusammenhang Felix (2002b: 173) zu Blue Velvet: „Alles ist wie nicht geschehen. Vielleicht erwacht der Zuschauer wie aus einem Traum, wenn im Kino die Lichter wieder angehen – oder: wie aus einem Alptraum [...]. Die verdrängte innere, nicht eine gefürchtete äußere Gegenwelt des ›amerikanischen Traumes‹ ist das Thema. Blue Velvet knüpft an [...] massenmedial propagierte(n) Angstvorstellungen an, die allerdings wohl nur die wenigsten Zuschauer aus eigener Erfahrung kennen dürften. Zugleich spricht der Film jeglichem Realismusverdacht Hohn. Nicht minder überzeichnet und klischeehaft als die ›heile Welt‹ ist deren Kehrseite inszeniert, in der alles ›fuck‹ ist und sich darum dreht, und eben darin scheint der Reiz des Filmes zu liegen."

3. „Surreales Erzählen" bei David Lynch - (Im)possible Worlds

3.1. Selbst- und medienreferentielles Erzählen als Teil surrealen Erzählens

Eine besonders ausgeprägte (symptomatische) Reflexion über den *american dream* als „Märchen" der Traumfabrik findet in *Mulholland Drive* statt. Betty, die naive junge Schauspielerin, trifft auf Rita, die wiederum nach Hayworth benannt ist, und sie begeben sich auf der Suche nach Ritas Identität: „It'll be just like in the movies. We pretend to be someone else!" Doch wird im zweiten Teil des Films die Kehrseite des Traums von Hollywood gezeigt: Diane ist eine erfolglose Schauspielerin am Rande des Geschehens. Auch in *Inland Empire* sagt der Moderator einer Fernsehsendung über Hollywood: „where stars make dreams and dreams make stars." Beide Filme zeigen auf, wie der Traum vom Erfolg und der großen Karriere im Business in den persönlichen Albtraum münden kann. In *Inland Empire* und der bereits beschriebenen Film im Film-Struktur in Zusammenschluss mit den Hasensequenzen ist das Rekurrieren auf Film und seine Machweise noch am meisten vordergründig, wie anhand der Untersuchung von Metalepsen noch ausführlicher dargestellt wird. Einige Quellen sind auch der Meinung, die jungen Mädchen, auf die Nikki trifft, seien Verkörperungen innerfiguraler Ängste in Form von jüngerer Schauspiel-Konkurrenz: „Da die Frauen wie aus einem Mund sprechen, wirken sie wie Manifestationen von Sue und sind damit einerseits Visualisierungen ihrer Gedankenwelt, andererseits aber selbstreferenzielle Hinweise auf die Schauspieler als Rollenträger."[230] Zuerst wohnt Nikki einem abstrusen Gespräch der Mädchen über ihre Brüste bei, später erscheinen sie „tatsächlich" beim Dreh des Filmendes. Dies könnte diese Interpretation bestätigen – mal halluziniert die verstörte Nikki sie und mal sind sie haptische Kolleginnen beim Dreh. In diesem Fall wären auch sie ein Beitrag zur Selbstreferentialität des Films, als Reflexion über das „Alt" gegen „Jung" im Showbizz, nicht zuletzt aber auch zur Surrealität des Films, man bedenke allein die Tanz-Szene, die laut Kaul und Palmier mit ihrem Musicalcharakter das Inszenatorische betont.[231]
Durch die Gleichschaltung der verschiedenen Realitätsebenen erfahren die Filme eine zusätzliche „ästhetische Verdopplung":

---

[230] Kaul/ Palmier 2011: 137.
[231] Vgl. Ebd.

> Der Terminus „ästhetische Verdopplung" beschreibt die Konstruktion der Bilder, Töne, Erzählungen, medialen Reflexion und Theorien, die in den Film Eingebunden sind, am treffendsten. Verdopplung meint: Dem Betrachter des Kunstwerkes wird an jeder Stelle vor Augen (und im Gedächtnis) gehalten, dass er ein Kunstwerk betrachtet. Ein ausschließliches (blindes) Eintauchen in die Bildgestaltung, den Plot oder das Schauspiel wird so von vorn herein unterbunden.[232]

Im Fall von *Inland Empire* und *Mulholland Drive* kann eine solche ästhetische Verdopplung vor allem in der permanenten Thematisierung Hollywoods gesehen werden. Als Filme, die selbst als Hollywoodfilme bezeichnet werden könnten, da sie in L.A. gedreht wurden, referieren sie auf ihre Machart und den Ort – Hollywoodsterne oder die Hollywood Hills, der Mulholland Drive, werden immer wieder in Szene gesetzt. Selbiges geschieht auch mit den Schauspielerinnen Naomi Watts und Laura Dern, die im Film selbst wiederum Schauspielerinnen spielen. Solche Inszenierungen geben Lynch die Möglichkeit, mit Schauspiel und Illusion zu spielen: beispielsweise wird in *Mulholland Drive* recht unvermittelt auf Betty geschnitten, die sagt „What are you still doing here?" Im ersten Moment glaubt man, sie spricht tatsächlich zu Rita – dabei üben sie nur eine Szene für Bettys Vorsprechen. Auch das Vorsprechen selbst, das ebenfalls als metaleptisches Moment bezeichnet werden könnte, spielt mit dieser Doppelung. Betty und ihr Gegenpart versetzen sich und den Zuschauer so sehr in die Rolle hinein, dass man nun nicht mehr weiß, ob das Begehren der beiden noch gespielt ist oder nicht – es lässt sich in diesen Momenten auch von *doppelter Performanz* sprechen. Der Schauspielerkörper performiert doppelläufig, und so läuft auch Nikki/Sue auf zwei Frauen zu und sagt: „Hey! Look at me ... and tell me, did you see me before?"

Solch reflexive Doppelungen geschehen in den Filmen Lynchs nicht nur auf inhaltlicher, sondern auch auf formaler Ebene, wie bereits anhand des Doppelgängermotivs gezeigt wurde. Vor allem die Anfangs- und Schlusssequenzen der Filme können als Verdopplung, oder zumindest als Rückverweis betrachtet werden: Wie auch Höltgen zu *Lost Highway* bemerkt,[233] verweist hier schon allein das Ende wieder auf den Anfang, das Ende *ist* zugleich der Anfang. Ebenso auch *Inland Empire*, wenn Nikki wieder auf dem Sofa sitzt, auf dem alles begann, und fast erwartungsvoll in die Kamera blickt. Hier kann auch die sich immer im Kreis drehende Schallplatte

---

[232] Höltgen 2001: 5.
[233] Vgl. ebd.: 97.

und die Nadel darauf, die am Ende wieder auf den Anfang springt, sinnbildlich für die Struktur des Filmes gesehen werden, ebenso wie schon oft auf den Highway als Lost Highway verwiesen wurde.

Überhaupt reflektiert *Inland Empire* stark über Zeit, somit vielleicht gar über die Zeit als handlungskonstituierende Komponente des Filmes: Immer wieder fallen Sätze über das Gestern, Heute und Morgen – die anfängliche Vorahnung der „Hexe" könnte somit als Leitmotiv betrachtet werden. „There's that story that happenend yesterday, but I know it's tomorrow", sagt Nikki/Sue in der Sexszene zu Billy/Devon, der meint: „That doesn't make sense... damn, Sue!," woraufhin sie: „It's me, Nikki! Look at me, you Fucker!" Natürlich ist diese Verwirrung und mit ihr eingebundene Reflexion über die Szenenabfolge ihrem geistigen Zustand zuzuschreiben, es darf aber nicht vergessen werden, dass diese bei dem *Dreh eines Filmes* ausgelöst wurde. So ist für mich hier auch ein starker Bezug zum temporalen Ablauf von Dreharbeiten vorhanden: Ein Film wird schließlich meist nicht in seiner eigentlichen chronologischen Abfolge gedreht, sondern nach Drehplan.

Als nächste Szene folgt dann tatsächlich diejenige, die Nikki/Sue gerade erzählt hat: sie fährt mit dem Auto zum Einkaufen, sieht einen Schriftzug[234] auf einer Tür und scheint sich zu erinnern. In der Sexszene nimmt sie folglich proleptisch voraus, was am nächsten Tag passiert, so suggeriert zumindest der Schnitt: „There was this scene we did yesterday..." Als sie durch die Tür tritt, sieht sie sich selbst zu früherem Zeitpunkt – sie befindet sich hinter den Kulissen des Studios, die Raum-Zeit- und Spiegelungs-Konstruktion findet hier ihren Höhepunkt.

Lost Highway reflektiert über seine eigene Medialität, indem er nach den Wahrheitsgehalt von Bildern hinterfragt und somit filmisches Erzählen selbst herausstellt. Betrachten wir einen Film, so gehen wir davon aus, dass das uns Dargebotene in sich kohärent ist und vertrauen der Handlung und dem gezeigten Bild. Wenn wir einen Mörder bei der Tat sehen, so glauben wir, dass er der Täter ist – wenn wir nicht am Ende in einem *plot twist* eines anderen überzeugt werden. In *Lost Highway* werden wir ebenso wie Fred selbst Zeugen seiner Tat, doch die Bezeugung selbst ist eine filmische. Nach Freds Transformation zu Pete sagt einer der Wächter, aber nur in der deutschen Synchronisation: „Das ist ja wie in 'nem Horrorfilm", und tatsächlich ruft

---

[234] Axxon N ist gleichsam die Bezeichnung des „längsten Radiospiels", das am Anfang gespielt wird wie auch der Name einer neunteiligen Mystery-Serie, die auf Lynchs Homepage veröffentlicht wurde.

der Film selbst Horrortopoi und Unheimliches auf. Letztlich kann aber für die Filme Lynchs ein Satz Rombes geltend gemacht werden: „Reality is today's special effect."[235] Damit meint er nicht nur das Spiel mit den Realitäten *im* Film sondern vor allem auch den fehlenden Bezug zum Film selbst als Material:

> The digital era inaugurates a new form of invisibility. Where is the film that you watch on Youtube? What shape does it take? What does it look like? In fact, no matter how abstract or avant-garde a film might have been during the analogue era, it was still linked to perceived reality by its materially identifiable and recognizable existence. [236]

Zuletzt rekurrieren die Filme durch ihre formale Struktur und Anordnung der Bilder auf gleicher Ebene nicht nur auf sich selbst, sondern scheinen von der Erzählweise neuer Medien beeinflusst. Wie eingangs bereits erwähnt, ergeben sich seit Beginn der Digitalisierung neue Erzählformen wie die Hyperfiktion, auch Computerspiele entwickeln sich ständig weiter, sowie der Mensch vor allem durch das Internet mehr an eine räumliche Denkweise gewohnt ist denn früher. Entscheidend ist hierbei vor allem in Anschluss an Ryan[237] die sich ergebende Analogie von Cyberspace und Fiktion, ob nun literarische oder filmische: Hier werden mögliche Welten eingeführt, auf deren Gesetzmäßigkeiten sich der User bzw. Rezipient einlässt, er erschafft sich einen Avatar und bewegt sich frei in ihnen – nichts scheint unmöglich, so auch das Ändern des Avatars oder die Auferstehung nach dem Game Over und alle Möglichkeiten sind durch Knoten miteinander verbunden.
So könnte auch die Struktur der Filme als Cyberspace-Narrationen ähnlich angesehen werden:

> There are two standard uses of cyberspace narrative: the linear, single-path maze adventure, and the undetermined, "postmodern" hypertext form of a rhizome fiction. The single-path maze adventure moves the interactor towards a single solution within the structure of a win-lose contest [...]. With all possible complications and detours, the overall path is clearly predetermined; all roads lead to one final Goal. In contrast, the hypertext rhizome does not priv-

---

[235] Rombes 2009: 5.
[236] Ebd.: 31.
[237] Vgl. Plot-Unit Model nach Ryan 1991: 211.

ilege any order of reading or interpretation; there is no ultimate overview or "cognitive mapping", no possibility to unify the dispersed fragments in a coherent encompassing narrative framework.[238]

Die Werke Lynchs im Kontext hypertextueller rhizomartiger, mehr räumlich und assoziativ verknüpfter denn linear und stringent erzählter Texte zu sehen erscheint,[239] gerade in Anbetracht des stetig wachsenden Medienbewusstseins und der vorherrschenden Intermedialität sowie gegenseitigen Beeinflussung von Medien als ebenso sinnvoll wie hilfreich – können doch somit, analog zur Traumanalogie, Unmöglichkeiten der Erzählungen als mögliche in Betracht gezogen werden.

Eine solche Betrachtung, die den Zuschauer als aktiven Interpreten miteinbezieht und somit Medium und Rezipient in Wechselwirkung stellt, bezeichnet Harper als *cinema of complexity*.[240] Für ihn liegt in der „post-digitalen" Reaktion der Menschen auf die Digitalisierung, sprich, im alltäglichen Umgang mit Medien und Kommunikation, vor allem im Paradigmenwechsel des Films (DVD, Streams, Downloads, etc.) gar die Ausführung des surrealistischen Gedankenguts. Im losgelösten Umgang mit Medien erkennt er die totalitäre Freiheit des Geistes die von den Surrealisten gefordert wurde:

> Since the effective opening of the Internet, to speak of film in the age of the Cinema of Complexity is to talk about concepts and ideas which bear a striking resemblance to those expressed by the Surrealists. Breton once wrote that 'almost all images, for instance, strike me spontaneous'. If this kind of automatism is something we associate with the post-digital wold, a world of emobility, as surely it is, then we are today closer to the Surrealist ideal than we were in any age previously.[241]

Lynchs Filme können demnach nicht nur auf inhaltlich-formaler Ebene als surreal betrachtet werden, wie im letzten Kapitel besprochen, sondern auch auf Ebene ihrer Medialität: Sie reflektieren ihre eigene Gemachtheit durch ihre Struktur ebenso wie durch Referenzen auf ihre Produktion und negieren dabei ihren Status als *possible*

---

[238] Žižek 2000: 37.
[239] Vgl. hierzu auch Liptay 2005: 311.
[240] Harper 2007: 144.
[241] Ebd.: 154.

world, was wiederum den Rezipienten zu einer gewissen *open mindedness* auffordert. Die Filme unterwandern fortwährend Grenzen. Zur Verdeutlichung des medienreflexiven Spiels mit Illusion und filmischer Realität sollen nun Szenenanalysen von Metalepsen folgen.

3.2. Metalepse und *mise en abyme* als illusionsbrechende Stilmittel

Noch einmal zusammengefasst: Es sind in Lynchs Filmen ganz klar Grenzen der Fiktionaliät, mit denen gespielt wird und die ausgelotet werden. Diese werden in Frage gestellt mit der Auflösung von Räumen, von Innen und Außen, mit Doppelgängern und Identitätsmetamorphosen als Ausdruck des Seins oder Nichtseins, unklarer Zeitlichkeit etc. Dem Zuschauer wird durch diese Erzählweise die *accessibility*, um mit der Terminologie der *possible worlds theory* zu sprechen, erheblich erschwert, da sie das „Erlebte" nach ihren Weltvorstellungen nicht naturalisieren können und ihnen die Illusion, auf die sie sich Zeit des Filmes eingelassen haben, gebrochen wird.

> Von Illusion kann [...] dann gesprochen werden, wenn der Rezipient sich mit werkseitig vorgegebenen Perspektivzentren identifiziert und dadurch den Eindruck eines (Mit-) Erlebens von Wirklichkeit, bei Werken, die eine ganze 'Welt' entwerfen, der Schein des Eintretens in sie hervorgerufen wird.[242]

Als eines der stärksten illusionsbrechenden, somit zur Unmöglichkeit der erzählten Welt beitragenden Mittel gilt die Metalepse, vor allem in Zusammenspiel mit der *mise en abyme*.[243] Den Begriff der narrativen Metalepse prägte Gérard Genette, wobei er damit das Phänomen der Ebenentransgression zwischen extradiegetischem Er-

---

[242] Wolf 1993: 113.
[243] Vgl. Hauthal, Janine/ Nadj, Julijana/ Nünning, Ansgar/ Peters, Henning (2007) „Metaisierung in Literatur und anderen Medien: Begriffserklärungen, Typologien, Funktionspotentiale und Forschungsdesiderate", in: Hrsg.v.dens.: *Metaisierung in Literatur und anderen Medien. Theoretische Grundlagen, historische Perspektiven, Metagattungen, Funktionen*, Berlin/New York: de Gruyter, (= spectrum Literaturwissenschaft Bd.12), 1-21, hier: 8.

zähler und intradiegetischer Erzählung oder intradiegetischer Figur und metadiegetischer Erzählung bezeichnete, welches eine bizarre Wirkung zum Ergebnis hat. Die Metalepse als Moment der Transgression von erzählter Welt und Eindringen in eine ihr innewohnende, „tiefer liegende" – Bilder, Träume etc.- umspielt und unterminiert somit ständig Grenzen und stellt diese heraus. Die Metalepse entpuppt somit die Erzählung selbst als solche und durchbricht ihren illusorischen Charakter von Tatsächlichkeit.[244]

Exemplarisch möchte ich an dieser Stelle auf ausgewählte Sequenzen eingehen, die ein besonders irritatives Moment beinhalten und dementsprechend auch einen besonders hohen Grad an Surrealität haben, wobei erwähnt sei, dass filmische Metalepsen, insbesondere in diesen Fällen, sich anders gestalten können, als literarische. Explizit-klassische Metalepsen im Sinne Genettes,[245] in welchen intra- und metadiegetische Erzählebene ineinander übergehen, wie beispielsweise Woody Allens *The Purple Rose of Cairo* (1985) sind zwar durchaus üblich, doch sind es im Film oftmals vielmehr metaleptische *Momente*, die zum Tragen kommen. Diese sind, als kurzes Moment, wesentlich stärker illusionsstörend und verweisen gleichzeitig oft auf das Medium Film und seine Gemachtheit an sich.

Ebenso auf den Film und seinen fiktionalen, bzw. phantastischen Status rückkoppeln kann die *mise en abyme* in Form einer „Spiegelung einer Makrostruktur eines literarischen Textes in einer Mikrostruktur innerhalb desselben Textes [...] [auf] einer anderen Realitätsebene und / oder einer anderen erzähllogischen Ebene."[246] Über die formale Spiegelung hinaus soll hier auch von einer inhaltlichen ausgegangen werden,

---

[244] Vgl. Genette 1998: 167f., in neueren Ansätzen u.a. Kukkonen (2011: 7ff): „As metalepsis crosses the boundary between these two worlds, it signals to readers the existence of the real world by addressing it deictically or representing it in the text. The boundary which metalepsis transgresses is generally that between (a representation or mental construction of) the real world and the fictional world. These two worlds are on different ontological levels, because the fictional world refers only to a possible state of affairs, whereas the real world refers to the actual state of affairs. [...] The boundary which is transgressed in metalepsis runs between the fictional world and the real world, and the real world is then represented in fiction. [...] Metalepsis seems to be essentially anti-illusionist because it destroys the coherence of the fictional world by transgressing its boundary."

[245] Vgl. Genette, Gérard *Métalepse. De la figure à la fiction*, Paris: Éd. du Seuil, 32.

[246] Wolf, Werner (1993) *Ästhetische Illusion und Illusionsdurchbrechung in der Erzählkunst. Theorie und Geschichte mit Schwerpunkt auf englischem illusionsstörenden Erzählen*, Tübingen: Niemeyer (= Buchreihe der Anglia Zeitschrift für englische Philologie, Bd. 32), 296

so dass von einer Doppelung, Schachtelung oder gar Wiederholung des „großen" im „kleinen" gesprochen werden kann.[247]

3.2.1. Aufnahmen der Überwachungskamera in Lost Highway

Als ein solches metaleptisches Moment kann insbesondere die Sequenz der Überwachungskamera in *Lost Highway* betrachtet werden, in der Fred sich selbst als Mörder seiner Frau sieht. Es findet keine explizite Metalepse in Form einer Ebenenüberschreitung der Figur statt, sondern eine auf Bildebene: Während das, wie Tanja Michalsky schreibt, „Quasi-Beweisvideo",[248] das Fred sich ansieht, in schwarzweißen, grobkörnigen Aufnahmen aufgezeichnet ist, wird diesen eine kurze Einstellung in Farbe einmontiert. Zu sehen ist Fred, der blutverschmiert inmitten von Körperteilen seiner Frau sitzt (Abb. 16) und direkt in die Kamera blickt. Die, wenn man so will, metadiegetischen Bilder der Überwachungskamera konteragieren mit dem farbigen Bild des Filmes und somit gelingt es,

> durch die Kombination einer unauflösbaren Erzählfigur mit Bildern, die ihre Entstehung innerfilmisch motiviert verschiedenen Aufzeichnungsmodi verdanken (Videofilm, Wahrnehmung und Erinnerung, sowie Schrecken erzeugendem Horrorfilm), den Glauben an die Referenz jeglicher Bilder zu erschüttern.[249]

---

[247] Vgl. Klimek 2010: 51f.
[248] Michalsky 2006: 414.
[249] Ebd: 401.

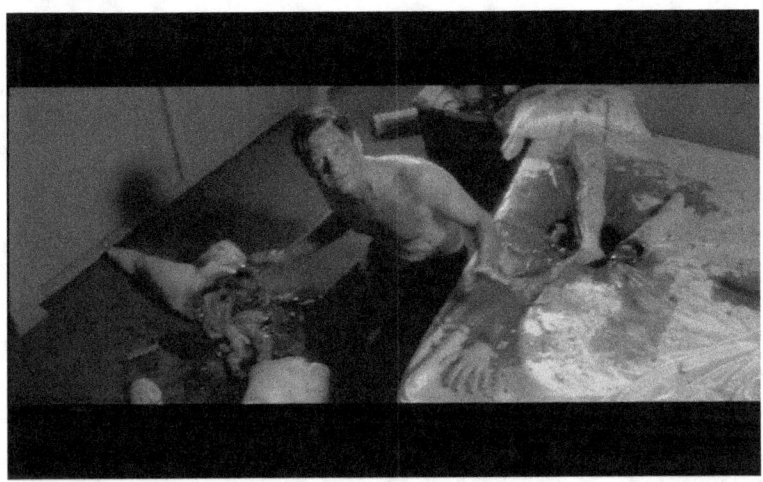

Abb. 16: Screenshot: Lost Highway, TC: 39:37.

So ist unklar, ob die Bilder der Kamera nun wirklich Geschehenes zeigen – was im Normalfall angenommen wird, da nicht Geschehenes nicht aufgezeichnet werden kann. Diesen gemeinhin akzeptierten Realitätsstatus von mit der Kamera eingefangenen Bildern wussten auch schon die Surrealisten für sich zu nutzen: Das „mechanisch-exakte Verfahren"[250] der Fotografie nutzten sie dazu, Surreales als tatsächlich Verborgenes in der Realität des Alltags sichtbar zu machen anhand von ungewöhnlich gewählten Bildausschnitten, die ebenso zufällig gewählt wie auch inszeniert sein konnten.[251] Sind somit die Aufnahmen der Kamera Zeugnisse eines tatsächlichen Tathergangs oder sind sie möglicherweise sogar intradiegetische Bilder der Erinnerung Freds, der selbst sagte, er erinnere sich an Dinge lieber auf seine eigene Weise? Oder ist vielmehr die farbige Sequenz ein kurzer Flashback Freds, der durch die Aufnahmen evoziert wurde?

---

[250] Koschatzky, Walter (1984) *Die Kunst der Photographie. Technik, Geschichte, Meisterwerke*, Salzburg/Wien: Residenz-Verlag, 33.
[251] Schneede, Uwe M. (2006) *Die Kunst des Surrealismus. Malerei, Skulptur, Dichtung, Film*, München: Beck, 76-180.

> Macht es tatsächlich Sinn anzunehmen, dass Fred sich in bunten Bildern erinnert, während die stärker gerasterte und brüsk geschnittene schwarz-weiße Oberfläche des Videofilms Authentizität verheißt? [...] Gibt es hier überhaupt noch eine Unterscheidung zwischen verschiedenen ›wahren‹ Bildern?[252]

Vielmehr ist Michalsky hier Recht zu geben, wenn sie schreibt, Lynch offeriere hier paradoxe Bilder ohne klare Referenz, die letztlich auf sich selbst verweisen.[253] Zu bemerken bleibt zudem, dass die Leiche Renées geradezu beabsichtigt künstlich aussieht, zumal Fred mehrmals sowohl in den farbigen als auch in den Schwarzweißaufnahmen direkt in die Kamera blickt. Der Blick in eine Kamera, die für ihn gar nicht existent sein dürfte, richtet sich innerfilmisch auf Fred selbst, der sich auf der Aufnahme betrachtet und gleichzeitig auf den Zuschauer, wie um ihn zu erinnern, dass die Kamera *sehr wohl* existiert.

Die beiden Bildebenen scheinen sich gegenseitig aufzuheben aufgrund dessen, dass am Ende keiner mehr Glauben geschenkt werden kann und dies durch die Künstlichkeit der Inszenierung noch unterstützt wird.

> In der Kombination von explizit ›vermittelten‹, also in einem Medium wie etwa dem Videofilm generierten Bildern und solchen, die zunächst einmal dem menschlichen Bewußtsein (in Wahrnehmung und Phantasie) zugestanden werden, reflektiert Lynch über die Struktur von Wahrnehmung und damit verbundener Weltkonstitution selbst, die er [...] im Film zeigt und mit dem Film parallelisiert.[254]

3.2.2. Der Club Silencio in *Mulholland Drive*

Einen ähnlichen Moment finden wir in *Mulholland Drive,* nachdem die beiden Frauen nachts aufstehen, um der Eingebung Ritas in den „Club Silencio" zu folgen. „No hay banda!" heißt es dort – es gibt keine Band, alles ist Illusion, und der Film führt dies uns selbst sowie den Protagonistinnen vor. Ein Saxofonist tritt auf, der das Instrument beiseite nimmt – und doch spielt die Musik weiter, sie entpuppt sich als Illusion. „It's all tape", ebenso wie der zu Tränen rührende Gesang einer Sängerin, die zusammenbricht, deren Stimme aber nach wie vor live anmutend erklingt. Betty

---

[252] Michalsky 2006: 414.
[253] Vgl. ebd.
[254] Ebd.: 398.

und Rita erliegen dennoch, gleich dem Publikum beim Betrachten eines Filmes, der Illusion: Sie ist ihnen bewusst, sie wird ihnen sogar vorgehalten, und nichtsdestotrotz sind sie zu Tränen gerührt. Hiermit gibt sich diese Sequenz als beabsichtigt illusionsbrechende Metalepse, die dem Zuschauer vermitteln soll: Das ist nicht real, was ihr zu sehen bekommt. Gleichwohl hält der Film dem Publikum den Spiegel entgegen, in dem er es in den Saal eines dunklen Theaters blicken lässt (Abb. 17/18). Mit dem Illusionsbruch des „Club Silencio" und dem Auffinden des blauen Kästchens steht und fällt auch die, verfolgt man weiterhin die Interpretation der Wunschwelt Dianes, Illusion dieser bisherigen Welt. „The real becomes visible in the obvious fakery of the fantasy."[255]

Prägnant scheint mir zudem eine Sequenz relativ zu Beginn des Filmes, die Laas den „Albtraum-Plot" nennt. Ein Mann erzählt dem anderen (im Winkie's, dem Diner in dem Betty auch den Mord in Auftrag gibt) von seinem Albtraum und begegnet diesem einige Momente später leibhaftig in Form eines verdreckten, monsterähnlichen „Obdachlosen" (so Laas).[256] Diese Sequenz scheint mir, und hiermit verweise ich ein weiteres Mal auf die Traumanalogie, als *mise en abyme* bereits die Grundstruktur des Filmes zu beinhalten: Das reelle Aufeinandertreffen von Traum und Wirklichkeit auf paradigmatischer Ebene. Dass der Obdachlose am Ende das blaue Kästchen in den Händen hält, scheint dies zu bekräftigen, auch sagt der Mann, der ihn schon zuvor geträumt hatte, er sei „derjenige, der die Ursache ist". Der Film endet mit dem Ausspruch „Silencio", Danckwardt verweist hier auf Shakespeare's Hamlet: *Der Rest ist Schweigen.*[257] In diesem kurzen Schweigen vor Abspann, das nun markiert, dass der Film vorüber ist, manifestiert sich aber wieder das Spiel mit der Illusion, dem die Protagonistinnen im Club erlagen: Der Film ist aus, doch nahmen wir daran teil, die Musik läuft – doch es gibt keine Band.[258]

---

[255] McGowan 2007: 223.
[256] Vgl. Laas 2006: 267.
[257] Vgl. Danckwardt, Joachim F. (2008) "*Mulholland Drive* und *Inland Empire*. Werden oder Nichtwerden bei David Lynch", in: Laszig, Parfen/ Schneider, Gerhard (Hg) *Film und Psychoanalyse. Kinofilme als kulturelle Symptome*, Gießen: Psychosozial-Verlag, 125-145, hier: 131.
[258] Vgl. Hierzu auch Liptay 2005: 319f. und Kaul/ Palmier 2011: 125-127.

Abb. 17: Screenshot *Mulholland Drive*, TC 1.46.49

Abb. 18: Screenshot *Mulholland Drive*, TC 1.43.57

3.2.3. Film im Film in *Inland Empire*

Der geschachtelte Aufbau von *Inland Empire* kann durch seinen Rahmen mit dem Lost Girl, das in Zimmer 47 einen Film ansieht, der sich am Ende als der Film *On High in Blue Tomorrows* herausstellt, der ja wiederum selbst ein Remake des Filmes *4-7* ist, als *mise en abyme* bezeichnet werden. Von außen betrachtet, erweist sich dieser Aufbau als geradezu „erleichternd" illusionsfördernd – wird dadurch doch heraus- und sichergestellt, dass wir Zeugen eines Films im Film werden, wenn man mit Kukkonen davon ausgeht, dass diese Struktur einer *double awareness* des Zuschauers dienlich ist.[259] Ähnlich wie in *The Purple Rose of Cairo* scheint die Metalepse diegetisch motiviert, und dennoch geht auch hier ein starker Illusionsbruch einher, was wohl daran liegen mag, dass sie erst sehr spät im Film platziert ist und ihre Kausalität sich nur recht behäbig entfaltet. Im Gegensatz zu *The Purple Rose of Cairo*, wo die Metalepse die Handlung sozusagen trägt, trägt hier die metaleptische Ebenentransgression Nikkis/Sues eher zur Verwirrung bei: Als Nikki verlässt sie aufgewühlt das Halbdunkel ihres Therapeuten und trifft auf der Straße auf, wenn man so will, Statistinnen, wo die Irritation einsetzt. Sie schnipsen mit den Fingern, als wären sie Teil einer Revue, Nikki geht weiter und man möchte meinen, gleich tanzt sie wie Fred Astaire, als Billy/Devons Frau auf sie zu kommt und ihr einen Schraubenzieher in den Bauch rammt. Blutend schleppt sie sich durch das Herz Hollywoods und bricht auf dem Walk of Fame zusammen. Während sie verblutet, unterhalten Obdachlose sich über einen Bus nach Paloma. Eine von ihnen erzählt absurderweise von ihrem letzten Aufenthalt dort und dass sie jemand kennt, der mal einen Affen hatte. Nikki spuckt Blut auf einen Hollywoodstern am Boden und stirbt kurz darauf. Die Kamera verharrt auf ihrem Gesicht, fährt dann zurück auf die Gruppierung am Straßenrand und plötzlich ist ein „Cut!" zu hören. Die Kamera fährt weiter zurück und entpuppt die Szenerie als eine gespielte, nämlich als den Filmtod Sues in *On High in Blue Tomorrows* (Abb. 19).

---

[259] Vgl. Kukkonen, Karin (2011) „Metalepsis in Popular Culture: An Introduction", in: Klimek, Sonja / Kukkonen, Karin (Hg.) *Metalepsis in Popular Culture*, Berlin/ New York: de Gruyter, 18.

Abb. 19: Screenshot *Inland Empire*, Nikkis/Sues „Tod", TC 2:24:44.

Diese, oder vielmehr Nikki, bleibt eine Weile liegen, und der irritierte Betrachter fragt sich: Ist sie jetzt wirklich gestorben? Ist die Wunde vielleicht doch echt? Doch Nikki steht auf, paralysiert und benommen wie es scheint, offenbar noch ganz in ihrer Rolle. Sie läuft weiter, die Maske, die sie wieder ansehnlich herrichten sollte trägt, wie es in einer späteren Nahaufnahme scheint, nur noch mehr Dreck auf ihr Gesicht auf. Der Regisseur sagt ihr, wie wundervoll sie gespielt habe, doch sie scheint sich aus ihrem Affekt nicht lösen zu können. Sie irrt weiter und betritt einen Kinosaal, in dem sie mit verstörtem Blick die Szene betrachtet, an die die hier beschriebene anschließt: Sie sieht sich selbst beim Therapeuten sitzen, den Schraubenzieher in der Hand. Sie geht weiter, durch eine mit „Axxon N" versehene Tür und läuft einen Gang entlang, der in grünes Licht getränkt ist und aus ihrem Blickwinkel verzerrt zu sein scheint. Quimp, einer der Zirkusleute, begegnet ihr – sie versucht ihn nieder zu schießen, eine Illusion? Zuletzt kommt sie an das Zimmer 47, in dem sich das Lonely Girl befindet. Erstmals sieht der Zuschauer, was auf ihrem Bildschirm zu sehen ist: Nichts anderes nämlich, als die Einstellung, die er selbst gerade sieht.

Das metaleptische „doppelte Spiel", wie Genette in Bezug auf Truffauts *La Nuit américaine* (F 1973) es nennt,[260] wird in *Inland Empire* noch weitaus paradoxer gespielt: Während in *La Nuit américaine* die Metalepse übersichtlich bleibt und darin begründet ist, dass Truffaut den fiktiven Regisseur Ferrand spielt und sich somit „lediglich" extradiegetische *auteur*-Implikationen mit intradiegetischen vermischen,[261] werden in *Inland Empire* Grenzen der Intra- und Metadiegese im metaleptischen Moment unkenntlich gemacht. Die Metalepse dient in diesem Falle zuerst als surreales Mittel, die Wahrnehmung des Zuschauers mit der der verworrenen Nikki gleichzuschalten. Erst als sie aufsteht, distanziert er sich von ihr und kann so ihr Wirren um ihre Identität wieder extern fokalisiert beobachten – bis die nächste Metalepse erfolgt und Nikki sich selbst auf der Leinwand anstarrt. An dieser Stelle greift zuerst die Leinwand, danach der Fernseher des Lonely Girls als Spiegelung der metadiegetischen Ebene, als *mise en abyme* auf der ersten intradiegetischen Ebene und der Kreis vermag sich zu schließen.

Abschließend kann gesagt werden, dass die Metalepsen, die Klimek und Kukkonen unter „paradoxem Erzählen"[262] subsumieren, da sie konventionelles Erzählen unterwandern und den Rezipienten mit Unerwartetem konfrontieren, bei Lynch der ohnehin schon schwer verständlichen Handlung noch eins draufsetzen. Sie fungieren als Stilmittel, das den Plot und die Illusion einer kohärenten Filmwelt aufbricht und reflektieren gleichwohl Medialität, indem sie ihren eigenen Realitätsstatus in Frage stellen, sich somit quasi selbst verraten. Verwiesen sei an dieser Stelle auf René Magrittes *La trahison des images* (1929) – Der Verrat der Bilder – das eine Pfeife darstellt, dieselbe Darstellung aber mit der Unterschrift *Ceci n'est pas une pipe* negiert und damit auf seinen Status als dargestelltes verweist. Das Bezeichnete ist stets das Ge-zeichnete, egal wie realitätsnah es auch sein mag, bleibt es lediglich Abbildung der Realität, das Bild gibt sich als solches zu erkennen.

---

[260] Vgl. Genette 2004: 66.
[261] Vgl. Ebd.
[262] Vgl. Kukkonen 2011: 10, Klimek 2010.

3.3. Montage als stilistisches Prinzip der Surrealität

Bei allem Aufbruch von Illusion darf eines nicht vergessen werden: dass es sich um *Filme* handelt, die durch die Montage der Einzelsequenzen zusammengehalten werden, ebenso wie auch die Metalepsen durch Montage konstituierte illusionsbrechende Elemente sind. Im Regelfall wird eine filmische Erzählung durch ihre Montage zu einem sinnvollen Ganzen zusammengefügt und verleiht der Handlung ihre Chronologie sowie ihre Kohärenz: „We can, in short, study narrative as a *process*, the activity of selecting, arranging and rendering story material in order to achieve specific time-bound effects on a perceiver."[263]
Nicht so bei Lynch: Insbesondere der Montage ist es geschuldet, dass seine Filme eben *keinen* Sinn ergeben, wie auch Tröhler für Filme wie diese konstituiert:

Seine Merkmale sind die Verwischung der Grenzen von Fiktion und Nicht-Fiktion, ein ethnografischer Blick auf die Details des Alltäglichen, eine Kamera sozusagen auf Augenhöhe der Figuren, ein linearer und schwach kausaler Erzählverlauf. Häufig sind die Filme durch eine elliptische Präsentationsweise und ein episodisches Erzählen geprägt, wodurch die Montage in den Vordergrund tritt.[264]

Verschiedene Erzähl- und Handlungsebenen werden zusammenmontiert und somit auch als zusammenhängend präsentiert. Es erfolgt Montage von Schuss-/ „Gegenschuß ins jähe anderswo [...]. In den gelungensten Fällen ist das Bild bei Lynch – als Abstand zwischen dem Bild davor und dem danach – nicht Teil einer homogenen Serie, sondern potential für das Auftauchen einer anderen Welt,"[265] schreibt Robnik und nennt als Beispiel den schreckhaften Moment, in dem das Gesicht des Mystery

---

[263] Bordwell 1985: xi.
[264] Tröhler, Margrit (2008) „Vom Schauwert zur Abstraktion", in: Arburg, Hans-Georg von/ Brunner, Philipp et al. (Hg.) *Mehr als Schein. Ästhetik der Oberfläche in Film, Kunst, Literatur und Theater*, Zürich/Berlin: diaphanes, S 152-166, hier: 159.
[265] Robnik, Drehli (1998) „Außengeräusche. Das Intervall, das Sprechen, das Wohnen, das Sound Design und das Ganze in den Filmen von David Lynch, in: Pabst, Eckhard (Hg.) *"A Strange World." Das Universum des David Lynch*, Kiel: Ludwig, S. 31-46, hier: 34.

Man statt Renées eingeblendet wird. Die Montage wird damit, wie Koebner schreibt, zum „prinzipiell trügerischsten Erzählmittel des Filmes überhaupt."[266]
Wie bereits erwähnt, war für die Surrealisten die Montage das filmische Gestaltungsmittel schlechthin aufgrund der Möglichkeit, Unzusammenhängendes traumartig oder assoziativ als zusammenhängend erscheinen zu lassen:

> Film with its unique ability to yoke together disparate images and to obliterate the distinction between oppositions – particularly dream and reality, life and death, man and woman – is perfectly suited to the Surrealist project of expanding the imagination.[267]

Als Paradebeispiel stehe hier ein weiteres Mal *Un chien andalou*, schon allein die viel zitierte Augenschnitt-Szene ist beispielhaft. Aber auch die Überblendung vom Achselhaar einer Frau zu einem Seestern, das Aufzeigen des Begehrens eines Mannes, wenn er eine Frau anfasst und ihr nackter Körper auf bildlicher und eigentlich vielmehr imaginierter Ebene zu sehen ist. Das surrealistische Kino nutzte Montage vor allen Dingen als Schockmontage, wie Schneede sie bezeichnet, um dem Publikum unerwartete Momente zu präsentieren, die einer eigenen Logik folgen sollten.[268] Ebenso wie die Surrealisten weiß auch Lynch die Macht der Montage für sich zu nutzen, „Lynch frequently seems to use the principles of disassociation as a rationale for narrative movement and montage."[269]

In *Lost Highway* und *Mulholland Drive* sind es vor allem die Sequenzen des Übertritts von einer Ebene in die andere, die diese überhaupt erst in einen Zusammenhang stellen. Die erste Metamorphose Freds zu Pete ist hierbei (Abb. 20), wie eingangs schon erwähnt, nicht etwa digital produziert, sondern mittels Montage bewerkstelligt. Mithilfe einer Maske wird Freds Kopf – oft wird hier auf Bacon hingewiesen – deformiert, sein Gesicht erscheint amorph, fast transzendental. Durch die Montagetechnik wird das Unmögliche möglich gemacht: ein Körper verwandelt sich in einen anderen, und die Wärter finden am nächsten Morgen Pete statt Fred vor.

---

[266] Koebner 2005: 33.
[267] Creed 2007: 115.
[268] Schneede 2006: 195.f
[269] Creed 2007: 129.

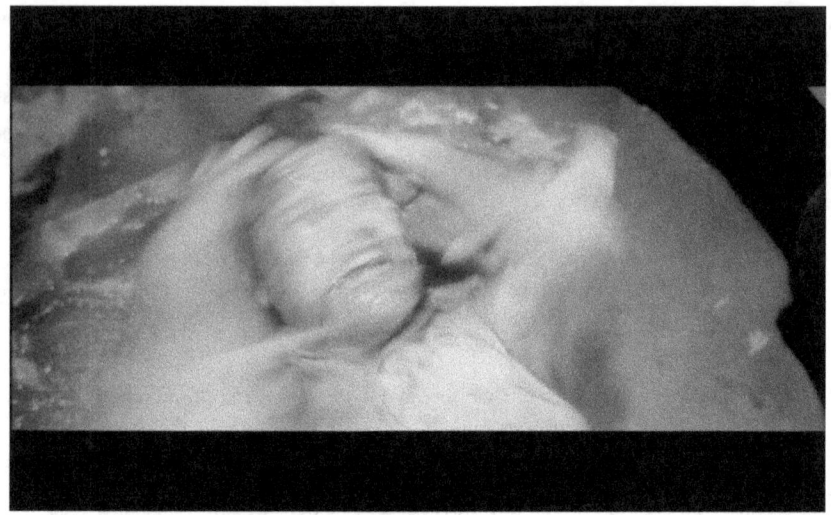

Abb.20: .Screenshot *Lost Highway*, TC 47.43.

Auch in *Mulholland Drive* werden die Handlungsstränge durch eine, im wahrsten Sinne des Wortes, Schlüsselszene, miteinander verkettet, während auch noch andere Plots den Hauptsträngen untergeordnet werden – der Albtraumplot am Anfang sowie der „Mörderplot" des Auftragskillers, der später den bedeutsamen Schlüssel als Zeichen des erfolgreichen Mordes an Camilla einführt. Camilla, in Besitz des blauen Kästchens sowie des Schlüssels, öffnet das Kästchen und die Kamera wird, wie schon kurz zuvor auf den Club Silencio, wie magisch in das Dunkel hineingezogen. Als sie wieder heraustritt, ist das Kästchen auf den Boden gefallen, doch befinden wir uns in einer anderen Realität: In der von Diane nämlich.

Betrachtet man Montage als das Mittel filmischer Narration, und diese grob als eine Reihe von zeitlich aufeinanderfolgenden Ereignissen, welche nach Auffassung vieler auch kausal in ihrem Zusammenhang begründet sein müssen,[270] wird anhand dieser beiden Sequenzen im Kontext ihrer Handlungen deutlich, wie Lynchs Filme durch die Montage als surreal verstanden werden können: die aneinander montierten Ereignisse können in keinen klaren Zusammenhang gerückt werden, ebenso wenig wie

---

[270] Martínzes, Matías/Scheffel, Michael (2007) *Einführung in die Erzähltheorie. Eine Einführung*, München: Beck, 16f.

sie auf den ersten Blick als kausal motiviert erkannt werden können. Dies geschieht, wenn überhaupt, erst in längerer Auseinandersetzung mit der Montage und Verschachtelung bzw. auch Gleichsetzung der verschiedenen Ebenen im Nachhinein. In *Inland Empire* wird dieses Montageprinzip der Surrealität noch gesteigert, indem verschiedene Ebenen sich unmittelbar überlagern. Als Beispiel soll eine Sequenz dienen, die einen hohen Abstraktionsgrad aufweist: Nikki (oder Sue?) befindet sich in einem Raum mit den „Prostituierten", deren Gesichter, wie ein Gruselmärchen erzählend, beleuchtet werden. Sie wirkt verzweifelt und hält sich die Hände vor das Gesicht, es setzt *Strange what Love does* von Lynch ein und ein Zoom auf ihre Hände erfolgt. Nach einer kurzen dunklen Überblendung öffnen sich die Hände wieder und wir sehen aus der Perspektive Nikkis eine verschneite Straße. „Es ist die Straße, siehst du sie?", wird Nikki gefragt, schließt die Augen und es wird die schwarzweiße Aufnahme der Plattennadel vom Beginn des Filmes übergeblendet, dann erfolgt ein kurzer Zwischenschnitt auf das Lonely Girl mit Tränen in den Augen, woraufhin wieder die Plattennadel mit wechselnden Überblenden von Gesichtern der „Prostituierten" sowie Nikkis gezeigt wird. Wenn Nikki sehen möchte, so wird ihr gesagt, solle sie mit einer Zigarette ein Loch in Seide brennen, um hindurch zu erblicken, „was fantastisch als Blick in die Vergangenheit gedeutet werden kann, aber vor allem eine Metapher für Imaginationskraft, Perspektivierung und den Kamerablick selber ist."[271]

Die Kamera selbst scheint dann durch das Loch zu gleiten, was sie von den Schwarzweißaufnahmen zurückbringt in die direkte Großaufnahme von Nikkis Gesicht, die uns mit schwarzen Augen verstört ansieht. Horrorartig anmutende Sounds verstärken den unheimlichen Charakter dieser Szene. Sehen, so scheint es, müssen wir am Ende selbst. Was Kaul und Palmier in Bezug auf eine andere Sequenz schreiben, kann auch für diese geltend gemacht werden: „Hier wird Heterogenes und Widersprüchliches unter dem Kohärenzprinzip der Assoziation zusammengefügt, womit die Szene das Stilprinzip von Inland Empire zusammenfasst."[272] Das Surreale in den Erzählungen Lynchs ist, ähnlich dem surrealistischen Klassiker *Un chien andalou*, neben dem

---

[271] Kaul/Palmier 2011: 137.
[272] Ebd.: 136.

Bildaufbau vor allem auch der Bildmontage geschuldet,[273] doch auch die Tonmontage trägt ihren Teil zur Surrealität bei, auf die aber aufgrund der Konzentrierung auf das Filmbild nicht in aller Ausführlichkeit eingegangen werden kann. Wie Robnik schreibt, unterliegen die Filme Lynchs oft einem „audiovisuellen Riß".[274] beispielsweise bei der Begegnung Freds mit dem Mystery Man, wenn die Atmo-Sounds um sie herum verstummen.[275] Hier wird mit dem Ausbleiben des Tones ein unwirklicher Effekt erzielt. Oftmals wird in den Filmen von Lynch mithilfe von tiefen, horrorartigen Tönen eine unheil- und erwartungsvolle Atmosphäre geschaffen, welche sich in nichts auflöst – auch der Einsatz des Tons kann dahingehend als selbstreferentiell bezeichnet werden. Er wird oft eingesetzt um „Stimmungen zu vertiefen, Erinnerungen zu wecken oder auch um das Filmgeschehen selbst ironisch zu kommentieren."[276] So zum Beispiel der immer wiederkehrende Sound, der stroboskopische Lichter begleitet. Auch können das überlaute Rauschen des Plattenspielers in *Inland Empire* oder das *Lonely-Girl*-Thema als solche gewertet werden, ebenso wie das bereits erwähnte eingespielte Lachen in den Hasenszenen. Durch einen solchen prägnanten Einsatz des Tones wird dieser oftmals beinahe dem Bild übergeordnet,

> [d]ie Welt der Filme Lynchs konstituiert sich damit immer stärker als akustisch wahrgenommener Raum jenseits der zweidimensionalen Realität des Filmbildes, der dem Zuschauer eine umfassendere Filmerfahrung vermittelt, die durchaus zwiespältig ist: ironisch-distanziert und selbstreflexiv, aber auch [...] sonorisch ‚überwältigt' und ‚absorbiert'[...].[277]

Dass auch das desillusorisch-metaleptische Moment im *Club Silencio* in erster Linie durch den Ton zustande kommt, muss nicht ein weiteres Mal erwähnt werden: Lynchs Tonregie ist oftmals anti-diegetisch,[278] trägt somit aber eben dem gewollten

---

[273] Vgl. hierzu auch Creed (2007: 129): As in the great Surrealist classic Un chien andalou, His films ... are surreal, [...] because of their power to disrupt conventional boundaries between reality and dream, creating their own weird sense of dream logic.
[274] Vgl. Robnik 1998: 45.
[275] Vgl. hierzu auch Heiß 2011: 228f.
[276] Drexler, Peter (1997) *„People call me a director, but I really think of myself as a sound man."* Überlegungen zur Tonregie in den Filmen David Lynchs. In: Goetsch, Paul/Scheunemann, Dietrich (Hg.): *Text und Ton im Film*, Tübingen: Narr, S. 209-225, hier: 224.
[277] Ebd. 226.
[278] Vgl. ebd.: 223.

Effekt surrealen Erzählens bei, das ja gerade in Unterwanderung der Diegese diegetisch funktioniert.

3.4. Mögliche Unmöglichkeit surrealen Erzählens

Wie aufgezeigt wurde, sind die Filme Lynchs als *possible worlds* permanenten Widersprüchen und Negationen unterworfen:[279] Figuren sind sie selbst und dann auch wieder nicht, können sich an zwei Orten gleichzeitig aufhalten oder in eine andere Person verwandeln, sie durchwandern irreale Räume und finden sich an anderen Orten wieder. Das Ergebnis dieser, auch als Bewusstseinsfilme oder wie im Falle *Mulholland Drive*'s als alternative Möglichkeit und somit *TAPW*s interpretierbaren Narrationen ist, dass sie sich dem Zuschauer kaum erschließen wollen, zu gewissem Grad immer Rätsel hinterlassen. Für die *PW*s lässt sich unsere Welt als Referenzwelt letztlich nicht klar zuordnen aus gegebenen Gründen – ebenso wie aber auch eine *TAW* als Referenz für eine in Betracht zu ziehende *TAPW* nicht konstituierbar ist. Es kann kontrafaktisch kein endgültiger Wahrheitsgehalt für eine der möglichen Interpretationen der *PW* festgehalten werden,[280] was vor allen Dingen daran liegt, dass sie nicht klar als Traum oder Innerweltliches eingeführt werden. Zwar können auch phantastische Welten mit eigenen Gesetzmäßigkeiten als möglich akzeptiert werden – Ryan nennt hier *Alice im Wunderland* als Beispiel – doch die Herausforderung bei Lynch liegt eben genau darin, dass die Filmwelten sich vorerst von unserer *AW* nicht zu unterscheiden scheinen.[281] Auch werden die unmittelbar eintretenden Brüche, die eine Referenz auf unsere Welt unmöglich machen, nicht erklärt. Der Uninterpretierbarkeit bzw. erschwerten Naturalisierung der Welten trägt, mit Orth, vor allem eine unklare Fokalisierung von Innen und Außen bei.[282] Doch könnten die beiden Erzählstränge *Mulholland Drive*'s sowie *Lost Highway*'s auch verstanden werden als zwei voneinander unabhängige koexistente mögliche Welten, die in Berührung kommen

---

[279] Vgl. Höltgen 2001: 21.
[280] Vgl. Ryan 1991: 48ff.
[281] Vgl. ebd.: 57f.
[282] Vgl. Orth 2005: 50ff.

und somit nicht an eine Figurensicht gebunden sind. Orth spricht in diesem Zusammenhang von *erzähltechnischer erzählerischer Unzuverlässigkeit*:

> Wenn jedoch [...] das inkohärente Erzählen die Rekonstruktion einer Realität innerhalb der erzählten Welt oder die Etablierung von möglichen Welten verhindert, so kann, wenn die objektive Realität der erzählten Welt als Maßstab für erzählerische Unzuverlässigkeit gelten kann, diese Erzählform als erzähltechnische erzählerische Unzuverlässigkeit bezeichnet werden.[283]

Die von Lynch erschaffenen Welten können somit nicht widerspruchsfrei „mental begangen" werden, ihre *accessability* bleibt schier unmöglich, man muss sich eventuell sogar damit abfinden, dass Dinge gewissermaßen wahr und falsch sind, zeitgleich existieren etc. Dies macht aber, und ich denke das meint Orth hier, erzähl*technisch*, das heißt *filmisch*, eine surreale Erzählweise bei Lynch aus. Der Forderung der Surrealisten an den Film, er solle das Unbewusste sichtbar machen, oder gar das *unmögliche möglich*, wird hier mit allen Mitteln, die dem Film zur Verfügung stehen, nachgekommen. Wie auch Höltgen schreibt:

> Dabei führt uns Lynch fortwährend vor Augen, dass wir einen Film sehen, der das Unmögliche möglich macht, weil er eben ein Film ist. Durch die Montage von Bildern sind Effekte, wie die o.g., leicht zu erzielen: Zwei aneinander montierte Szenen können verschiedene diegetische Zeiten und Räume verknüpfen, die Kausalität verkehren und die Zeit umdrehen.[284]

Lynchs Filme erschaffen, indem sie das gestalterisch-formale Potential filmischen Erzählens durch Mittel der Montage, ungewöhnlicher Einstellungen, Metalepsen und *mise en abyme* voll ausschöpfen, *(im)possible worlds*. Es handelt sich gleichwohl um surreale (un)mögliche Welten, unmöglich zu naturalisieren und keiner Realität des Zuschauers entsprechend, aufgeladen mit einer Vielfalt an möglichen Interpretationen, zu der sie den Zuschauer auffordern – die aber sehr wohl möglich und „real" in filmisch-materiellem und damit auch nicht zuletzt selbstreferenziellem Sinne sind.

---

[283] ebd.: 84.
[284] Höltgen 2001: 120, Hervorhebung im Original.

4. Film – Kunst – Werk: Zur Narration, Rück- und Selbstbezüglichkeit sowie Intermedialität von Lynchs Kunst und Filmen

Den Gedanken der *possible worlds* fortgeführt, kann man mit Ryan zudem auch Lynchs Gesamtwerk, das neben den Filmen auch Gemälde, Lithographien, Fotografien sowie zahlreiche Zeichnungen und Musik umfasst, als eigenständiges „Universum" bezeichnet werden.[285] Diese durchdringen sich gegenseitig, ebenso wie sie sich auch auf unsere *AW* sowie andere *PW* beziehen. Im Folgenden soll in einem kurzen Abriss dargestellt werden, wie Lynch, der selbst gerne erzählt, er sei beim Malen eines Bildes dazu inspiriert worden, es in Bewegung zu versetzen und sei so zum Film gekommen,[286] das inter-/ bzw. transmediale Diktum Marshall McLuhans bestätigt, ein Medium enthalte bereits immer ein anderes.[287]

Dabei möchte ich davon ausgehen dass, und dies konstatierte schon Lessing, Bilder für sich aufgrund ihres momenthaften Charakters und ihrer fehlenden Zeitlichkeit zwar nur begrenzt (und am ehesten noch kognitiv)[288] zur Narration fähig sind,[289] sie als Bilder „fruchtbarer Augenblicke"[290] in ihrer Summe aber sehr wohl in einen Gesamtkontext lynch'schen surrealen Erzählens gebettet werden können. Es wird somit dem Bild, aber auch dem Filmbild Lynchs, ein autonomer Status zugesprochen, man könnte gar von einem vorfilmischen „Vorstellungsbild" sprechen das, ähnlich eines *assimilierten Tableau vivant*, wie Barck es nennt, in beiden Werkformen Lynchs koexistiert:

---

[285] Vgl. Ryan 1991: 54.
[286] Lynch (2007: 13): „So I was a painter. I painted and I went to art school. I had no interest in film. I would go to a film sometimes, but I really just wanted to paint. One day I was sitting in a big studio room at the Pennsylvania Academy of the Fine Arts. The room was divided into little cubicles. I was in my cubicle; it was about three o'clock in the afternoon. And I had a painting going, which was of a garden at night. I had a lot of black. With green plants emerging out of the darkness. All of a sudden, these plants started to move, and I heard a wind. I wasn't taking drugs! I thought, *Oh, ho fantastic is this!* And I began to wonder if film could be a way paintings move." (Hervorhebung im Original)
[287] Vgl. McLuhan, Marshall (1994) *Die magischen Kanäle*, Dresden u.a.: Verl. d. Kunst, 37ff.
[288] Vgl. hierzu auch Wolf 2003.
[289] Lessing, Gotthold Ephraim (2010) *Laokoon – oder rüber die Grenzen der Malerei und Poesie*, Stuttgart: Reclam, 113.
[290] Ebd.: 23.

Hierbei geht es nicht um eine detailgetreue Nachbildung eines bestimmten Gemäldes, sondern um eine fluide Umsetzung des Gemalten ins bewegte Filmbild. Fluid beschreibt dabei das Verhältnis zwischen dem Gemälde und dem Filmbild, das von semipermeablen (Film-Bild-) Übergängen geprägt ist, ohne dass das Gemälde gänzlich zum Filmbild oder vice versa transformiert.[291]

Dies bedeutet etwa nicht, dass konkrete Gegenstände David Lynchs bildender Kunst Eingang in sein filmisches Werk fanden (oder andersherum), sondern dass sie vielmehr aufeinander ebenso wie auf andere Werke verweisen, sich berühren und sich in Wechselseitigkeit beeinflussen.

Lynchs bildende Kunst ist, ebenso wie seine Filme, geprägt von Dunkelheit was, wie Werner Spies im Ausstellungskatalog zu *Dark Splendor* (2009) bemerkt, träumerische Unwirklichkeit und Zwielichtigkeit hervorbringt.[292] Gerade in seinen Gemälden herrschen eine diffuse Zeit- und Räumlichkeit vor, eine Desorientierung in der Dunkelheit, wie sie sich in *Lost Highway* und *Inland Empire* finden lassen. Lynch selbst sagt dazu:

> Ich wüsste [mit mehr Farbe, M.A.] nichts anzufangen. Farbe ist für mich zu real. Sie lässt wenig Platz für Träume. Je mehr schwarz man zu einer Farbe mischt, um so mehr Traumqualität bekommt sie. [...] Schwarz hat Tiefe. Schwarz ist wie eine kleine Pforte. Man tritt ein, und weil es dahinter immer noch dunkel ist, setzt die Phantasie ein und vieles, was da drinnen vor sich geht, manifestiert sich. Man sieht das, wovor man Angst hat.[293]

Somit ließen sich die Dunkelheit in den Räumen der Spiegelsequenzen, aber auch das Schwarz im blauen Kästchen erklären als Verweis auf eine Pforte, auf Orte des Übergangs in die Phantasie – womit nun die Phantasie sowohl der filmimmanenten Figuren als auch des Betrachters selbst gemeint werden kann.

Als Beispiel für diese düstere Ästhetik kann das Gemälde *Shadow of a Ttwisted Hand Across My House* (1988, Abb. 21) dienen, das ein Haus darstellt, das sich in nebulöser Umgebung befindet. Links ist ein riesiges Insekt zu sehen, rechts im Vordergrund ragt eine Hand auf. Darunter steht der Titel des Bildes in Schnipseln:

---

[291] Barck, Joanna (2008) *Hin zum Film – Zurück zu den Bildern. Tableaux Vivants: „Lebende Bilder" in Filmen von Antamoro, Korda, Visconti und Pasolini*, Bielefeld: transcript, 59.
[292] Spies 2009: 28.
[293] Zit. Nach Rodley 2006: 36.

Lynchs künstlerische Mittel sind die der Collage, in seinen Werken der bildenden Kunst wie seinen Filmen. In einem Gemälde wie Shadow of a Twisted Hand Across My House werden einzelne Bildmotive zusammengeführt, die für den Betrachter keine inhaltlich logische Bild-Erzählung darbieten. Das heißt keineswegs, dass sie nicht besteht.[294]

Abb. 21: Shadow of a Twisted Hand across my House, 1988, Öl auf Leinwand.

Überhaupt spielen Häuser eine große Rolle in dieser Reihe, doch das Heimisch-vertraute wird, analog zu seinen Filmen, aufgelöst: Sie stehen in scheinbar entrückter Umgebung, nichts Einladendes mutet hier an, der Schatten einer überdimensionalen Hand greift danach – fast fehlte noch, auf einem anderen Gemälde stehe statt dem „*Me (in front of my house)*" der Mystery Man davor.

Was sich außerdem oft, vorwiegend auf seinen Lithographien findet, sind Insekten – Bienen oder mit Vorliebe Ameisen. Krabbelndes Getier, das Ekel und Schauder evoziert, unbewusste Ängste vielleicht sogar. Als Sinnbild für Unterbewusstes und auch Verweis auf Oberfläche und darunter kriechendes erinnern sie an die viel zitierte Anfangssequenz von *Blue Velvet*, oder an Dalís Gemälde und natürlich auch an *Un chien andalou*.

---

[294] Spies 2009: 79.

Hierbei wird wieder Lynchs Faible für tiefer liegendes, dessen Oberfläche lediglich darauf verweist, ersichtlich. Die Flächigkeit seiner Gemälde, die zustande kommt durch die vorherrschende Farblosigkeit, lässt das Auge an der pastosen Oberfläche hängenbleiben, es entsteht eine paradoxe Gleichzeitigkeit von Fläche und Tiefe die, wie schon bezüglich der Filme besprochen, das Medium auf sich selbst und seine Materialität zurückbindet. Sie können somit in gewisser Weise mit Pollock in Zusammenhang gebracht werden, metaphorisch gilt dies auch für die Filme: Als aufgelöste „Overall-Kompositionen" haben sie dennoch eine Struktur die, wie bereits erwähnt, mehr als durch Knoten verbundene bezeichnet werden könnte. Der Oberfläche ist gleichwohl auch Tiefe zu eigen. So sagt Lynch selbst zu Pollocks *Blue Poles: Nummer 11, 1952*:

> It's like nature... He's painting but he's not getting in the way of paint. He's not making it be just like him. It's bigger than him. It's like nature's working on it; he's working with nature and with paint. And so the whole thing has a wild dance that's so organic, and yet he's putting enough control in it so that he's acting and reacting and nature's acting and reacting, and it's like a heavy symphony where the whole is more than the sum of the parts.[295]

Lynchs Gemälde unternehmen keinen Narrationsversuch und konzentrieren sich, vielleicht gar ihr narratives Potential nicht zur Gänze ausschöpfend ähnlich wie seine Filme, vor allem auf die Oberfläche.[296] Sie zeigen stimmhafte, surreale Momentaufnahmen von Landschaften oder auch Menschen, die verstümmelt und in schlammartig anmutender Textur daher kommen. Eine solche Momentaufnahme, die mir in Zusammenhang mit *Mulholland Drive* als höchst prägnant erscheint, ist *Well... I Can Dream, Can't I?* (2004): Eine nackte Frau liegt auf dem Rücken auf einem in den rechten oberen Bildrand gerückten Sofa, ihr Mund ist geöffnet, ans Ohr ein Telefonhörer geklemmt. Ihr Höschen ist heruntergerutscht und nur noch an einem Bein befindlich, der rechte Arm nach oben ausgestreckt, der Blick ebenso nach oben gerichtet, die linke Hand hält eine Pistole auf Bauchhöhe. Es wird nicht ganz klar: Ist das sich darunter befindende Loch die Einschusswunde, aus der die braune Flüssigkeit, die wohl Blut sein muss, tritt, oder handelt es sich dabei vielmehr um die Andeutung

---

[295] Nochimson, Martha P. (1997) *The Passion of David Lynch. Wild at Heart in Hollywood*, Austin: Univ. of Texas Press, 27f.
[296] Vgl. Wolf 2002: 54.

einer Vagina? Dieses Bild scheint wie der narrative Zusammenschluss *Mulholland Drive*'s: Das Telefon, Betty, die bei Diane (sich selbst?) anruft, der Selbstmord am Ende, die Masturbationsszene, die hier im Raum schwebt, dazwischen. Gesteigert wird dieser Eindruck noch durch den Titel, den Lynch auch als Schrift direkt über den Kopf der Frau platziert hat. *Well I can dream, can't I?* – möglicherweise ein Verweis auf Diane, ihre erträumte Geschichte Bettys und den unausweichlichen Ausgang, versehen mit ironischem Unterton, „man wird doch wohl noch träumen dürfen."

Abb. 22: David Lynch, *Well I can dream, can't I?*, 2004, Mischtechnik auf Giclée-Druck.

Auch in diesem Bild erkennt man wieder die für Lynch typische, wenn man so will, „Einstellung." Der Raum scheint entrückt, fast raumlos durch die gebogene Horizontale der Wand. Der Boden, man erinnere sich an das Studio des Bosses in *Mulholland Drive*, oder die Struktur einiger Böden in *Eraserhead* oder *Twin Peaks* (F/USA 1992):

Die Aussage der Fußboden-Architektur scheint zunächst in ihrer Festigkeit zu bestehen. Hierin nämlich liegt der augenfällige Akzent der (Kachel-) Muster, die sich etwa in den

Dekorationen von Eraserhead, The Elephant Man, Dune und dem Twin Peaks- Zyklus finden. Ihre geometrischen Figurationen betonen zunächst, daß hier überhaupt eine Schicht liegt.[297]

Diese Schicht scheint sich hier aufzulösen, es findet sich keine klare Geometrie mehr, sondern eine aus unzähligen verschiedenfarbigen Pixeln des Giclée-Drucks bestehende Fläche.

Ein ähnliches medial-materielles Zusammenspiel findet sich bei *Change the fucking Channel Fuckface* (2009). Auch hier sitzt eine nackte Figur auf einem digitalen Giclée-Druck-Bett, das überdimensional groß erscheint, an den Grenzen des Bildes gar selbst zum Boden zu werden scheint. Neben der Figur, die laut der Schrift im Bild eine Frau zu sein scheint, befinden sich mehrere, teils geleerte Pillendosen, in ihrer rechten Hand hält sie ein Messer. Bei der Klinge handelt es sich um eine echte, ins Bild präparierte, wodurch die Oberfläche des Bildes wieder ins Spiel mit dem Räumlichen des Gegenstandes gerät.[298]

Links erstreckt sich über das Bild der Schriftzug Lynchs, was mit Wolf als *intermediale Anleihe* verstanden werden kann, die zur Narration beiträgt.[299] Mehr noch: Der Künstler verwendet nur selten digitale oder ausgeschnittene Lettern (wie die in dieses Bild einmontierte Sprechblase), er schreibt sich *selbst* in seine Werke mit ein. „Woman with broken neck and electric knife speaks to her husband", besagt der Schriftzug, im Hintergrund findet sich noch ein kleiner goldener Engel und ein nach oben gerichteter Pfeil, darunter steht „heaven". Das Bild erzählt somit eine häusliche, wenn auch eine ungewöhnliche und Gewalt versprechende Szene, denn es ist anzunehmen, dass die Frau ihrem Mann mit dem Messer droht, dass er umschalte. Ironisch erscheint in diesem Zusammenhang der Verweis auf den „heaven" – fast erinnert der Hinweis, der Himmel befinde sich oben, an Magritte, in dessen Gemälden Schrift oftmals paradoxe Verwendung fand.[300] Mit ihrer Aufforderung umzuschalten blickt die Frau jedoch, denn es sind weder Mann noch Fernseher im Bild, den Be-

---

[297] Pabst 1998: 16.
[298] Vgl. Gohr, Siegfried (2009) *Magritte. Das Unmögliche versuchen*, Köln: Dumont, insb. 68 ff. zu Collagen/ Assemblagen.
[299] Vgl. Wolf 2002: 69.
[300] Vgl. hierzu u.a. Schreier, Christioph (1985) *René Magritte, Sprachbilder 1927-1930*, Hildesheim/ Zürich/ New York: Georg Olms./ Gohr 2009.

trachter selbst an. Dies könnte ebenso verstanden werden als Aufforderung an Betrachter oder Kritiker von Lynchs Werk, gerade da *Wild at heart* (USA 1990) oftmals wegen seiner Gewaltästhetik in das Blickfeld geriet.

Oftmals wird hinsichtlich seiner Kompositionen, denen aufgrund ihrer Flächigkeit und eigenartigen Raumtiefe etwas Bühnenhaftes anmutet auf Edward Hopper verwiesen: „Häufig tauchen unheimliche, verschattete Treppenhäuser und einzelne Gebäude auf, die wir als Tatorte lesen. Sie gehören zum Fundus des Horrors, und sie verstärken die Drohung, die von Hoppers isolierten Häusern ausgeht." [301] So auch Nochimson bezüglich seiner Filme:

> [...] [T]he influence of Edward Hopper on Lynch seems so obvious that it is easy to miss its complexity. Many of Lynch's films actually resemble the small-town scenes of Hopper's canvases: Sunday Morning, Four Lane Road, Western Motel, and House by the Railroad, to name but four images recognizable in Lynch's films. However, this surface interface is secondary in importance to Hopper's experimentation with the collision between the cultural and the subconscious by means oft he carnivalization of familiar appearances.[302]

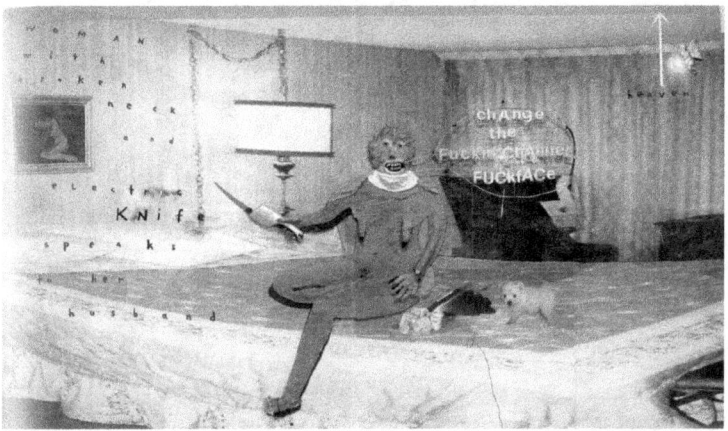

Abb. 23: David Lynch, *Change the fucking Channel Fuckface*, 2008/09, Mischtechnik auf Giclée-Druck

An dieser Stelle sei noch einmal an den Bühnenraum der Hasensequenz in *Inland Empire* erinnert, der mit seiner düsteren Ausleuchtung und unterkühlten Farbigkeit

---

[301] Spies 2009: 31.
[302] Nochimson 1997: 28.

stark an Hopper erinnert, wenn auch den Hasenmenschen selbst eher die Nähe zu Max Ernst beigemessen wird.³⁰³ Vielfach wurde auch Bacon als Einfluss Lynchs genannt, von dem er selbst sagt, alles an ihm fasziniere ihn. „Sujet und Stil waren eins, untrennbar, perfekt. Der Raum, die Langsamkeit und das Tempo, die Oberflächenstrukturen, alles."³⁰⁴

So sind nicht nur die Figuren in Lynchs Gemälden plastisch und fragmentiert,³⁰⁵ sondern auch seine Fotografien lehnen sich dieser Ästhetik an. Nicht zuletzt erinnert die Metamorphose Freds stark an Bacon, als Vergleich soll hier Bacons *Crucifixion Tryptichon* dienen.³⁰⁶

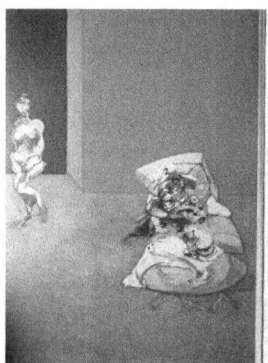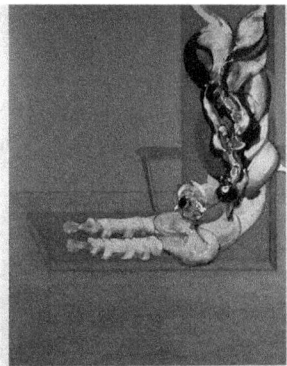

Abb. 24: Francis Bacon, *Crucifixion Tryptich*, 1965.

Das Deformiert-fleischliche,³⁰⁷ Blutige, Organische eint das Gemälde von 1965 und die Ästhetik Lynchs *film paintings*, wie MacTaggart sie nennt und haftet ihnen surreales an.³⁰⁸ Ebenso findet MacTaggart in *Inland Empire* ein solches, mit Bacon verwandtes Filmbild:

---

³⁰³ Vgl. Spies 2009: 20.
³⁰⁴ Zit. Nach Rodley 2006: 33.
³⁰⁵ Vgl. Kaul/Palmier 2007: 22f.
³⁰⁶ Vgl. Nochimson 1997: 21f.
³⁰⁷ Zur Deformation von Lynchs Filmfiguren in seinem Frühwerk bis einschl. *Lost Highway* vergl. Bähr 1998.
³⁰⁸ Hierzu auch Spies, Werner (2008b) *Mit Skalpell und Farbmaschine. Porträts von Max Ernst bist Gerhard Richter*, München: Hanser., 107: „In und an diesen Gesichtern wird seziert, überall dominiert in ihnen das Zähflüssige, Viskose. [...] Wir kennen den Appetit auf das Biomorphe, Knochenlose, die Labilität der Kontur, diese unbewußten Vorboten der Genmanipulation, aus den

At the end of INLAND EMPIRE the Battered Woman accosts the figure of 'The Phantom' and shoots him. As he dies her face transposes itself upon his and we are then presented with a series of shots in which a shockingly distorted image of the woman disintegrates into a swollen mass of dissolving facial features which are again reminiscent of the work of [...] Francis Bacon. These film paintings explore fully the creative possibilities of digital film painting to merge together the two art forms in ways which may provide for a reinvigoration of film in the digital age.[309]

Die Deformation ist auch eine Konstante der Serie *Distorted Nudes* (1999), bei der der Künstler Fotografien des 19. und 20. Jahrhunderts aus dem Band *1000 Nudes* einscannte und mit Photoshop bearbeitete, so dass neue, eigenständige Werke entstanden. „Sie machen intermediale Bezüge evident, indem sie nicht nur inhaltlich einen Motivtransfer, sondern stilistisch die malerische Bildbearbeitung von Fotografien vorführen",[310] schreiben Kaul und Palmier, doch sie zeigen auch ein weiteres Mal Lynchs Offenheit den neuen Medien und ihren Arbeitsweisen gegenüber. Mit einer solchen Herangehensweise bekennt der Künstler sich, ebenso wie mit *Inland Empire*, zur Digitalisierung. Diekmann nennt die *Distorted Nudes* gar eine „[...] Gewalthandlung gegen die abgebildeten Figuren [...], auch ein Handeln gegen die Fotografie [...],"[311] da Lynch mithilfe der digitalen Nachbearbeitung entgegen der ursprünglichen Medienspezifik von Fotografien arbeitet, die einmal abgebildet unverändert blieben bzw. bleiben mussten.

Nichtsdestotrotz führen seine fotografischen Arbeiten, wie beispielsweise auch die *Couch Series* (2008) auch wieder zurück in den Surrealismus, wo erstmals mit dem Medium Fotografie experimentiert wurde. Künstler wie Man Ray schufen mit Techniken wie der Solarisation oder der Brûlage unwirkliche, traumhafte Motive, die den realistisch-abbildenden Fotografien, wie man sie kannte, gegenüberstanden.[312] Nicht

---

Kompositionen der Dalí, Tanguy und Miró. Auch bei ihnen, denken wir an Buñuels Kreuzungen aus Blut und Kult, dringen Phobien und Verdrängtes in den Vordergrund. Nicht zuletzt regten die Fotografie, die Überblendungen und die Doppelbelichtung Bacon an."- zu Fotografie s.u.
[309] Ebd.: 158.
[310] Kaul/ Palmier 2007: 23.
[311] Diekmann, Stefanie (2009) „Die korrodierten Oberflächen. Über David Lynchs Fotografien und Prints", in: Spies, Werner (Hg.) *David Lynch - Dark Splendor, Raum Bilder Klang*, Ostfildern: Hatje Cantz, S. 203-212, hier: 205.
[312] Vgl. L'Écotais, Emmanuelle de (1998) *Man Ray. Das photographische Werk*, München: Schirmer/ Mosel.

selten wurden hierbei ungewöhnliche Blickwinkel gewählt, insbesondere der weibliche Körper stark inszeniert und nicht zuletzt auch deformiert. Auffällig ist die Parallele von Lynchs Fotografien zu denen von Kertész, der ebenfalls stark deformierte Aktfotografien von Frauen schuf (Abb. 29).

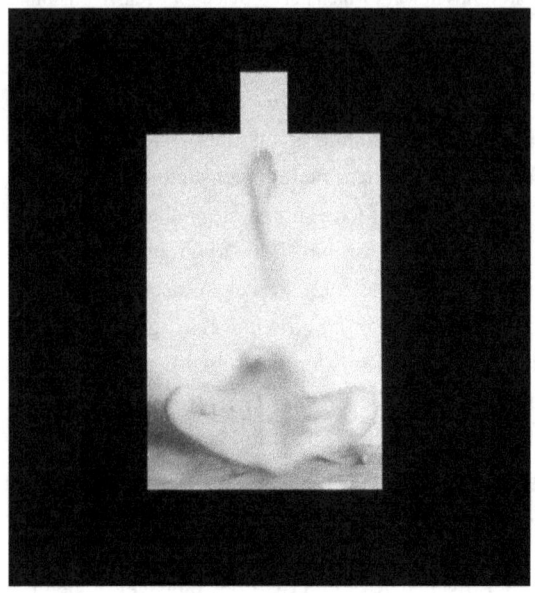

Abb. 25: David Lynch, Distorted Nude # 11, 1999, Digigraphie.

Abb. 26: David Lynch, Distorted Nude # 37, 1999, Digigraphie.

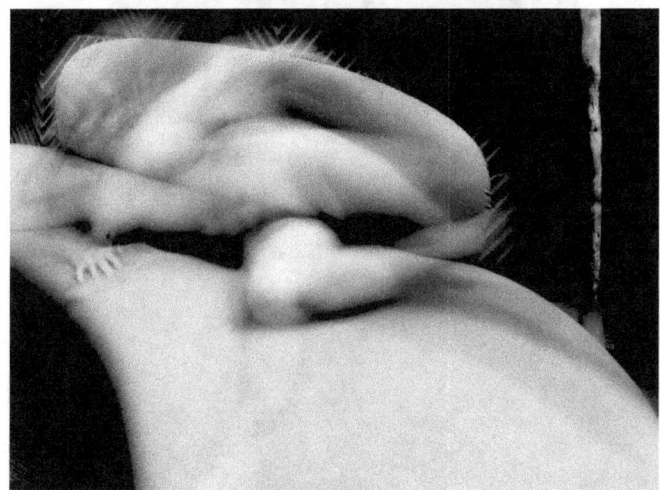

Abb. 27: David Lynch, Couch Series # 5, 2008, Digigraphie.

Abb. 28: David Lynch, Couch Series # 10, 2008, Digigraphie.

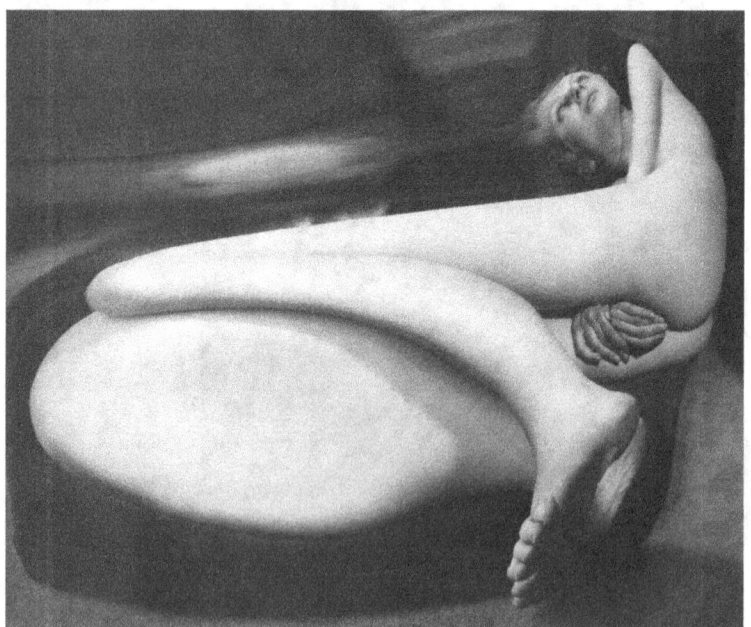

Abb. 29: André Kertész, *Verzerrung 40*, 1933, Fotografie.

Den inszenatorischen und körpergebundenen Serien Lynchs gegenüber stehen die *Snowmen* (1990) und *Industrials*. In ersterer stellt er dekompositorisch die Prozessualität schmelzender Schneemänner über mehrere Tage hinweg zur Schau,

> deren Effekt auf die Erscheinungen, die sie festhält, oft genug in Begriffen wie Erstarrung, Einfrieren usw. beschrieben wurde und die sich hier einer Serie von Objekten gegenüber sieht, die sie zwar ebenfalls erstarren machen kann, aber nur – während es in diesen Objekten weiter arbeitet – der Auflösung entgegen, die nicht viel mehr als ein paar Aufnahmen entfernt ist.[313]

Zweitere ist eine Serie von, man könnte sagen, *objects trouvées* in kargen Industrielandschaften, die kühle Ästhetik von verlassenen Orten und Maschinerien werden hier eingefangen. Der „begehrliche Blick"[314] eines Brassaï, der Unheimliches und Sur-reales an jeder Ecke aufspürt, lässt sich hier wiederfinden.

Es lässt sich festhalten, dass Lynchs Bildästhetik auf der einen Seite stark beeinflusst ist von Künstlern wie Bacon und Hopper, die er verehrt, auf der anderen Seite aber auch in surrealistischer Tradition steht, was gerade in seinen Fotografien greifbar wird. Seine bildende Kunst und seine Filme wiederum werden zwar nicht vordergründig thematisch, dafür aber von ihrer Stimmung und Motivik zusammenhalten, womit die Intermedialität evident wird. Erwähnt sei an dieser Stelle auch Lynchs musikalisches Schaffen, dass diese Stimmung noch abrundet. Unheimliche Synthie-Klänge, untermalt von Lynchs fast überhöhter Stimme, bilden den Soundtrack zu einem imaginierten Film, der mit Kenntnis seines Werks aber zumindest in seiner Grundstimmung schnell in unseren Köpfen entsteht. Paradigmatisch hierfür seht *Strange and Unproductive Thinking*, dessen Text 1994 in seinem Bildband *Images* abgedruckt, sich vertont auf *Crazy Clown Time* (2011) wiederfindet. Surreale Gedankenfetzen werden hier, man könnte fast meinen, *écriture automatique*-artig, versprachlicht:

> Specifically, the areas concerning the new futuristic thinking have to do with several abstract somewhat hidden emotional tendencies which lead one to believe that the consequences of interaction between the positive and the negative forces are producing a vital link between the subconscious and the superconscious minds, which therefore can only be

---

[313] Diekmann 2009: 209.
[314] Schneede 2006: 180.

considered as actual structures with two separate and distinctly different qualities as we have seen when one or more intensively varying energies become associated with the higher levels of perceptible phenomena and these new forms are then instantly acted upon by these two minds previously discussed and brand-new associations are given over [...].[315]

Der Text scheint einem einzigen Bewusstseinsstrom nachempfunden, begonnen bei der Reflexion über das Bewusstsein und das Nachdenken an sich, endet er – und abstruser geht es wohl kaum – bei Zahnhygiene. Lynchs Werk macht deutlich, wie Medien verschiedener Epochen und Techniken zusammenrücken und sich gegenseitig beeinflussen können. Er zeigt dies nicht zuletzt durch seine Filme ebenso wie durch seine Kunst, die im Paradigmenwechsel der Digitalisierung stehen. Wie auch Werner Spies zum Zusammenhang von Lynchs Filmen und Kunst bemerkt:

> Denn letztlich geht es in den Filmen von Lynch nie um Erklärung und um eine Lösung, die es aufzudecken gälte. Das Spiel mit der Entlarvung, der grundsätzliche Verdacht, der sich wie Mehltau über Menschen, Häuser, Treppen, Gänge, Wald, Gräten und Gegenstände legt, erscheinen als Persiflage einer zu Erfolgslosigkeit verdammten metaphysischen Suche. Alle seine Bilder und Zeichnungen sind von diesen Unsicherheiten infiziert. Es gibt deshalb auch keine vollständige Unabhängigkeit der Bilder – sie hängen am Tropf, sie werden ständig von der Poesie und der Dramatik der Filme gespeist.[316]

Dass diese Dramatik vor allem eine surreale ist, wird noch einmal anschaulich, wenn man Magrittes Schaffen miteinbezieht. Wenn man beispielsweise Bilder betrachtet, in denen er das Sehen, das Bild selbst, in den Mittelpunkt stellt, wie *So lebt der Mensch* (1933). Zu sehen ist ein Fenster, umrahmt von einem Vorhang, vor dem eine Leinwand steht. Diese verdeckt die Aussicht und bildet gleichermaßen die Aussicht, die sich vermutlich dahinter verbirgt, ab.

> Das Problem des Fensters ergab So lebt der Mensch. Vor ein Fenster, das vom Innern des Zimmers aus gesehen wird, stellte ich ein Bild, das genau den Teil der Landschaft darstellte, der von diesem Bild verborgen wurde. Der auf dem Bild dargestellte Baum versteckte also den Baum hinter ihm, außerhalb des Zimmers. Er befand sich für den Betrachter gleichzeitig innerhalb des Zimmers auf dem Bild und gleichzeitig außerhalb, durch das Denken in der wirklichen Landschaft. So sehen wir die Welt. Wir sehen sie außerhalb unserer selbst und haben doch nur eine Darstellung von ihr in uns. Auf dieselbe Weise

---

[315] Lynch David (1994) *Images*, München: Schirmer/ Mosel: 160.
[316] Spies 2009: 24.

versetzen wir manchmal etwas in die Vergangenheit, was in der Gegenwart geschieht. Zeit und Raum verlieren dann jenen groben Sinn, den nur die Alltagserfahrung ihnen gibt[317]

Magritte thematisiert so die konstruktivistische Sicht des Menschen, stellt aber, ebenso wie Lynch, gleichermaßen das Verhältnis von Innen und Außen zur Diskussion, gleichwohl wie er sein sämtliches Schaffen hindurch den Realitätsstatus von Bildern infrage stellt.[318] Nichts anderes macht Lynch in seinen Filmen oder mit Hilfe seiner Filmbilder – das metaleptische Moment und die *mise en abyme* machen beide Künstler sich mit Mitteln ihrer Medien zu Eigen. Diese Analogie zieht schon Barg mit Seeßlen: „Beide Künstler konstruieren in ihren jeweiligen Medien und ästhetischen Materialien an der Oberfläche ihrer Werke einen vermeintlich realistischen Blick, den sie dann in eine Welt des Phantastischen, des Surrealen hinübergleiten lassen."[319] Die Künstler spielen mit den Ebenen, lassen Paradoxien und Verschiebungen entstehen und rekurrieren letztlich somit auch immer auf das Medium, seine Aussage und seine Fähigkeiten.

---

[317] Zit. Nach Gohr 2009: 171.
[318] Gohr (2009: 113): „Es geht nicht mehr um absurde Szenen, sondern um den Status des Bildes selbst, um die Frage, was es bedeutet, eine Leinwand mit einem Motiv und einem Text zu bemalen. Es wird bald klar, dass Magritte kritische Eigenschaften des Bildes thematisiert, wie sie seit Platons Kunstkritik immer wieder in neuen Variationen vorgebracht worden sind. Selbst wenn ein Künstler sein höchstes, nachahmendes, also mimetisches Vermögen einsetzt, um die Realität abzubilden, bleibt sein Werk als nachahmendes durchschaubar. Das perfekte mimetische Bild bleibt doch immer ein Schleier der Wirklichkeit."
[319] Barg, Werner (1998) „Hinter dem roten Vorhang. Notizen zum Kino der Grausamkeit in den Filmen David Lynchs, in: Pabst, Eckhard (Hg.) „A Strange World." Das Universum des David Lynch, Kiel: Ludwig, S. 250-261, hier: 255, wobei er sich vor allem auf das Vorhangmotiv konzentriert.

5. Fazit

Es kann zum Abschluss festgehalten werden, dass Lynchs Gesamtwerk ein in sich kohärentes „Universum" darstellt, das sich durch Intermedialität auszeichnet, die sich insbesondere in Ästhetik und Stimmungsgehalt sowie Motivik der Werke zeigt. Die innere Kohärenz bzw. Ordnung dieses Universums aber ist, wie am Beispiel von *Lost Highway*, *Mulholland Drive* und *Inland Empire* gezeigt wurde, keineswegs leicht zu durchdringen. Schon aufgrund der Schwierigkeit, den Handlungsablauf *narratologisch* zu rekonstruieren und in einen sinnvollen Zusammenhang zu bringen, wird die *accessability* der *TAW* für den Rezipienten stark erschwert. Hinzu kommen unkonventionelle Verfahren auf *narratographischer* Ebene: Es wurde gezeigt, dass die Surrealität von Lynchs Filmen sich nicht nur der Handlungs-, sondern auch der Bildebene verdankt.

Durch die Inszenierung sowie Wahl der Einstellungen und Kamerafahrten entstehen Spiegelungen und Doppelungen, die wiederum die Struktur der Narration selbst spiegeln, aber auch als „ästhetische Verdoppelung" Hollywoods und der Schauspieler in doppelter Performanz einen Wiederaufgriff finden. Zudem umspielen die Filme Lynchs permanent Grenzen, überschreiten oder unterwandern sie mit der brüchigen Gestaltung von Räumen, ebenso wie mit unklaren Markierungen von Innen und Außen. Gleichermaßen binden sie durch die Betonung von Oberflächen durch Großaufnahmen u.a. das Medium an seine Materialität zurück – sie behindern dadurch eine konventionelle, illusorische Rezeptionshaltung, gleichwohl wie sie dadurch selbstreferentiell agieren. Bestärkt wird ihre desillusorische Wirkkraft zudem durch stark konstruiert wirkende surreale Elemente, aber auch durch Metalepsen und *mise en abymes*, die in diesem Sinn als surreale Stilmittel bezeichnet werden können. Als ebensolches Mittel dient Lynch, ebenso wie den Surrealisten, die Montage – durch sie werden die Einzelteile der Filme erst zu einem (in)kohärenten, (un)möglichen Ganzen.

Es wurde gezeigt, dass Lynchs Filme auf formaler gleichwohl wie narrativer und motivischer Ebene eine eigene Ordnung konstituieren, die für uns unlogisch, undurchdringlich und unmöglich erscheint – als *surreales filmisches Erzählen* aber keineswegs unmöglich ist.

Als Erzählungen, die letzten Endes uninterpretierbar bleiben, lassen sie dennoch die *mögliche* Interpretation einer psychologischen Tiefenschicht zu: sie sind *Bewusstseinsfilme* und sind es doch nicht – womit sie aber Bewusstsein *für* den Film stärken, gleichwohl wie sie damit der Forderung eines surreal[istisch]en Kinos nachkommen.[320] Der Film schöpft bei Lynch, wie gezeigt wurde, alle seine Möglichkeiten filmspezifischen Erzählens aus, um (un)möglich zu werden und über die gewohnte Inszenierung filmischer *possible worlds* hinauszugehen. Er tritt auf diese Weise in Analogie zum Traum, der mehr erlebt denn gesehen und interpretiert werden will, ganz im Sinne der Surrealisten:

> Die unausrottbare Manie, das Unbekannte aufs Bekannte, aufs Klassifizierbare zurückzuführen, schläfert das Gehirn ein. Der Wunsch, zu analysieren, ist stärker als die Gefühle. [...] Wir leben noch unter der Herrschaft der Logik – und darauf wollte ich hinaus.
> Aber die logischen Methoden unserer Zeit wenden sich nur noch der Lösung zweitrangiger Probleme zu. Der nach wie vor führende absolute Rationalismus erlaubt lediglich die Berücksichtigung von Fakten, die eng mit unserer Erfahrung verknüpft sind. Die Ziele der Logik hingegen entgehen uns. Unnötig, hinzuzufügen, dass auch der logischen Erfahrung Grenzen gezogen werden. Sie windet sich in einem Käfig, und es wird immer schwieriger, sie entweichen zu lassen.[321]

Die Filme Lynchs loten die Grenzen eines „konventionellen Erzählkäfigs" aus, brechen mit der Logik von Zeit und Realität, wie sie vom klassischen Erzählkino erwartet werden. Sie konstruieren damit eine Parallele zu Bewusstseinsprozessen, verwirren, schocken, bewegen – womit Lynch mit heutigen Mitteln, die neuen Medien und ihre Interaktivität miteingeschlossen, dem surrealen Gedankengut möglicherweise näher ist denn je: Gerade in der Negation traditioneller Erzählverfahren, in der Gleichstellung verschiedener Realitätsebenen und der daraus auch resultierenden Infragestellung des Dargestellten *per se* wird der Rezipient aufgefordert, mitzu*denken* oder gar mitzu*fühlen*, das Rationale und damit einhergehende (erzählerische) Grenzen außer Acht zu lassen. Über eine gewisse surreale Ästhetik bzw. Vorgehensweise, die als *eternal surrealism* vor allem in der Phantastik zwar schon immer gegeben gewesen sein mag, aber erst durch den Surrealismus vollends aufblühte und hier

---

[320] Vgl. auch Schröder, Vera (2008) „Lynchs *Lost Highway* als surrealistischer Film", in Lommel, Michael et al (Hg.) *Surrealismus und Film. Von Fellini bis Lynch*, Bielefeld: transcript.
[321] Breton 2009: 15.

Wiederaufgriff findet, gelingt es dem Regisseur, so letztlich surrealistische Wirkungen zu erzielen.

Anhang

Filmographie

- 8 ½ (Otto e mezzo), Regie: Frederico Fellini, mit: Marcello Mastroiani, Claudia Cardinale, u.a., I 1963.
- L'Âge d'Or, Regie: Luis Buñuel/ Salvador Dalí, mit: Gaston Modot, Max Ernst u.a., F 1930.
- 2001: A Space Oddyssey, Regie: Stanley Kubrick, mit: Keir Dullea, Gary Lockwood u.a., USA 1968.
- Blue Velvet, Regie: David Lynch, mit: Dennis Hopper, Kyle MacLachlan, Isabella Rosselini u.a., USA 1986.
- Cet obscur objét du désir, Regie: Luis Buñuel, mit: Fernando Rey, Carole Bouquet, Ángela Molina u.a., F/ES 1977.
- L'Étoile de la mer, Regie: Man Ray, mit: Kiki Montparnasse, André de la Rivièr u.a., F 1928.
- Fight Club, Regie: David Fincher, mit: Edward Norton, Brad Pitt, Helena Bonham Carter u.a., USA 1999.
- Eraserhead, Regie: David Lynch, mit: Jack Nance, Charlotte Stewart u.a., USA 1977.
- Friends (TV-Serie), von: David Crane, Marta Kauffman u.a., mit: Jennier Aniston, Courtney Cox, Matthew Perry u.a., USA 1994-2004.
- Hot Shots!, Regie: Jim Abraham, mit: Charlie Sheen, Cary Elwes, Valeria Golino u.a., USA 1991.
- Inception, Regie: Christopher Nolan, mit: Marion Cotillard, Leonardo DiCaprio, Joseph Gordon-Levit u.a., USA/ GB 2011.
- Inland Empire,Regie: David Lynch, mit: Laura Dern, Harry Dean Stanton, Justin Theroux u.a., F/ PL/ USA 2006.
- Lost Highway, Regie: David Lynch, mit: Bill Pullman, Patricia Arquette, Balthazar Getty u.a., F/ USA 1997.
- Matrix, Regie: Andy/Lana Wachowski, mit: Laurence Fishburne, Carrie-Ann Moss, Keanu Reeves u.a., USA 1999.
- Mulholland Drive, Regie: David Lynch, mit: Naomi Watts, Laura Elena Harring, Justin Theroux u.a., F/ USA 2002.

- La Coquille et le Clergyman, Regie: Germaine Dulac, mit: Alex Allin, Lucien Batallie, u.a., F 1928.
- La Nuit américaine, Regie: François Truffaut, mit: Jacqueline Bisset, Jean-Pierre Léaud, François Truffaut u.a., F/IT 1973.
- Persona, Regie: Ingmar Bergmann, mit: Bibi Andersson, Liv Ullmann u.a., SE 1966.
- The Purple Rose of Cairo, Regie: Woody Allen, mit: Jeff Daniels, Mia Ferrow, Danny Aiello u.a., USA 1985.
- Rashômon, Regie: Akira Kurosawa, mit: Thoshirô Mifune Machiko Kyô Masayuki Mori u.a., J 1950.
- Side by Side. The Science, Art and Impact of Digial Cinema, Regie: Chris Kennealy, mit: Keanu Reeves, David Lynch, Christopher Nolan u.a., USA u.a. 2012.
- The Sixt Sense, Regie: M. Night Shyamalan, mit: Bruce Willis, Haley Joel Osment, Toni Colette u.a., USA 1999.
- Twin Peaks – Fire walk with me, Regie: David Lynch, mit: Sheryl Lee, Ray Wise u.a., F/ USA 1992.
- Un chien andalou, Regie: Luis Buñuel, mit: Pierre Batcheff, Luis Buñuel, Simone Mareuil u.a., FR 1928.
- Wild at Heart, Regie: David Lynch, mit: Nicolas Cage, Laura Dern u.a., USA 1990.
- Wilde Erdbeeren (Smultronstället), Regie: Ingmar Bergmann, mit: Bibi Andersson, Victor Sjöström, Ingrid Thulin u.a., SE 1957.

Abbildungsverzeichnis

- Abb. 1, S.49: Screenshot aus *Lost Hihgway*, TC: 36:26.
- Abb. 2, S. 49: Screenshot aus *Lost Hihgway*, 1.05.39.
- Abb. 3, S. 50: Screenshot aus *Mulholland Dr.*, TC 24.15.
- Abb. 4 S. 51: Screenshot aus *Mulholland Dr.*, TC 1.35.23,.
- Abb. 5, S. 53: Screenshot aus *Inland Empire*, TC 59.19.
- Abb. 6, S. 57: Screenshot aus *Lost Hihgway*, 1:42:10.
- Abb. 7, S. 57: Screenshot aus *Mulholland Dr.*, TC 34.00.
- Abb. 8, S. 58: Screenshot aus *Mulholland Dr.*, TC 18.42.
- Abb. 9, S. 59: Screenshot aus *Mulholland Dr.*, TC 1.39.04.
- Abb. 10, S. 61: Screenshot aus *Inland Empire*, TC 12:59.
- Abb. 11, S. 61: Screenshot aus *Inland Empire*, TC 34:52.
- Abb. 12, S. 61: Screenshot aus *Inland Empire*, TC 2:35:46.
- Abb. 13, S. 64: Screenshot aus *Lost Hihgway*, TC 1:53:15.
- Abb. 14, S. 71: Screenshot aus *Mulholland Dr.*, TC 1.50.29.
- Abb. 15, S. 71: Screenshot aus *Inland Empire*, TC 1:59:20.
- Abb. 16, S. 89: Screenshot aus *Lost Hihgway*, TC: 39:37.
- Abb. 17, S. 93: Screenshot aus *Mulholland Dr.*, TC 1.46.49.
- Abb. 18, S. 93: Screenshot aus *Mulholland Dr.*, TC 1.43.57.
- Abb. 19, S. 95: Screenshot aus *Inland Empire*, TC 2:24:44.
- Abb. 20, S. 99: Screenshot aus *Lost Hihgway*, TC 47.43.
- Abb. 21, S. 107: David Lynch, *Shadow of a twisted Hand across my House*, 1988, Öl auf Leinwand, 162,5 x 223,3 cm.
  Foto: Walter Bayer; © David Lynch; Courtesy: Galerie Karl Pfefferle München.
- Abb. 22, S. 110: David Lynch, *Well I can dream, can't I?*, 2004, Mischtechnik auf Giclée-Druck, 152 x 296 cm, Collection Fondation Cartier pour l'art contemporain, Paris.
  Abbildung: *David Lynch. Dark Splendor*, Ausstellungskatalog Brühl 2009, S. 53.
- Abb. 23, S. 112: David Lynch, *Change the fucking Channel Fuckface*, 2008/09, Mischtechnik auf Giclée-Druck, 128,8 x 304,8 cm.

Foto: © David Lynch; Abbildung *David Lynch. Dark Splendor*, Ausstelungskatalog Brühl 2009, S. 163.
- Abb. 24, S. 113: Francis Bacon, *Crucifixion Tryptichon*, 1965, Öl auf Leinwand.
Abbildung: Ades, Dawn/ Forge, Andrew: *Francis Bacon, Thames and Hudson*, London 1985, Abb. Nr. 45.
- Abb. 25, S. 115: David Lynch, *Distorted Nude #11*, 1999, Digigraphie, 30,5 x 30,5 cm, Edition 11.
Foto: © David Lynch; Courtesy Galerie Karl Pfefferle, München.
- Abb. 26, S. 116: David Lynch, *Distorted Nude #37,* 1999, Digigraphie, Bild: 30,5 x 30,5 cm, Blatt: 43.2 x 43.2 cm, Edition 11.
Foto: © David Lynch; Courtesy Galerie Karl Pfefferle, München.
- Abb. 27, S. 116: David Lynch, *Couch Series #5,* 2008, Digigraphie, Bild: 45,8 x 61 cm, Papier: 61 x 74 cm, Edition 7.
Foto: © David Lynch; Courtesy Galerie Karl Pfefferle, München.
- Abb. 28, S. 117: David Lynch, *Couch Series #10,* 2008, Digigraphie, Bild: 45,8 x 61 cm, Papier: 61 x 74 cm, Edition 7.
Foto: © David Lynch; Courtesy Galerie Karl Pfefferle, München.
- Abb. 29, S. 17: André Kertész, *Verzerrung 40*, 1933, Fotografie.
Foto: © André Kertész, Abbildung: André Kertész (1982) *André Kertész. Das Fotografen-Porträt*, Luzern: Reich Verlag, S. 167.

Literaturverzeichnis

- Adorno, Theodor W. (1981) *Noten zur Literatur*, Frankfurt a.M.: Suhrkamp.
- Aragon, Louis (2007) *Œuvres poétiques complètes*, Paris: Gallimbard.
- Arburg, Hans-Georg von/ Brunner, Philipp et al. (2008) (Hg.) *Mehr als Schein. Ästhetik der Oberfläche in Film, Kunst, Literatur und Theater*, Zürich/Berlin: diaphanes.
- Artaud, Antonin (2012) *Texte zum Film*, Berlin: Matthes&Seitz.
- Ast, Michaela (2002) *Geschichte der narrativen Filmmontage. Theoretische Grundlagen und ausgewählte Beispiele*, Marburg: Tectum.
- Bach, Michaela (1999) „Dead Men – Dead Narrators", in: Grünzweig, Walter/Solbach, Narr Verlag, 231-246.
- Bähr, Ulrich (1998) „'Dealing with the human form.' Deformation als ambigue Zeichen künstlerischer Freiheit und zerstörerischer Macht", in: Pabst, Eckhard (Hg.) „A Strange World." Das Universum des David Lynch, Kiel: Ludwig, 183-196.
- Balász, Bela (1982) *Schriften zum Film. Band I Der sichtbare Mensch. Kritiken und Aufsätze 1922-1926*, Berlin: Henschelverlag Kunst und Gesellschaft.
- Barck, Joanna (2008) *Hin zum Film – Zurück zu den Bildern. Tableaux Vivants: „Lebende Bilder" in Filmen von Antamoro, Korda, Visconti und Pasolini*, Bielefeld: transcript.
- Barg, Werner (1998) „Hinter dem roten Vorhang. Notizen zum Kino der Grausamkeit in den Filmen David Lynchs, in: Pabst, Eckhard (Hg.) „A Strange World." Das Universum des David Lynch, Kiel: Ludwig, 250-261.
- Becker, Markus (2006) *„Ich bin ein Anderer." Identitätswechsel im Film*, Remscheid: Gardez! (= Filmstudien Bd. 49).
- Beller, Hans (2005) *Handbuch der Filmmontage. Praxis und Prinzipien des Filmschnitts*, München: TR-Verl. - Union.
- Blanchet, Robert (1997) *Circulus Vitiosus. Spurensuche auf David Lynchs Lost Highway mit Slavoj Zizek*, in: http://cinetext.philo.at/magazine/circvit.html (01.02.2013).
- Birr, Hannah (Hg.) (2009): *Probleme filmischen Erzählens*, Berlin: Münster.
- Booth, Wayne (1983) *The rhetoric of fiction*, Chicago: University of Chicago Press.

- Bordwell, David (1985) *Narration in the fiction film*, London: Methuen, 1985.
- Bordwell, David/ Carroll, Noel (1996) (Hg.) *Post-Theory. Reconstructing Film Studies*, Wisconsin: Univ. of Wisconsin Press.
- Brunner, Philipp (2008) „Augenblicke des Gefühls. Gesichter in Großaufnahme", in: Arburg, Hans-Georg von/ Brunner, Philipp et al. (Hg.) *Mehr als Schein. Ästhetik der Oberfläche in Film, Kunst, Literatur und Theater*, Zürich/Berlin: diaphanes, 201-217.
- Brütsch, Matthias (2009) „Dream Screen? Die Film/Traum-Analogie im theoriegeschichtlichen Kontext", in: Pauleit, Winfried et al. (2009) *Das Kino träumt. Projektion. Imagination. Vision*, Berlin: Betz+Fischer, 20-49.
- Buñuel, Luis (1964) *Poesie und Film*, Kotulla, Theodor (Hg.) in: *Der Film. Manifeste Gespräche Dokumente. Band 2: 1945 bis heute*, 263-268.
  - (1991) *Die Flecken der Giraffe. Ein- und Überfälle*, Berlin: Wagenbach,
- Breton, André (2009) *Manifeste des Surrealismus,* Reinbek: Rohwolt.
- Bürger, Peter (1996) *Der französische Surrealismus*, Frankfurt a.M.: Suhrkamp.
- Chatman, Seymour (1990) *Coming to Terms. The rhetoric of narrative in Fiction and Film,* New York: Cornell University Press.
- Chion, Michel (1995) *David Lynch,* London: British Film Institute.
- Creed, Barbara (2007) "The Untamed Eye of the Dark Side of Surrealism: Hitchcock, Lynch and Cronenberg", in: Harper, Graeme (Hg.) *The unsilvered Screen. Surrealism on Film,* London: Wallflower Press, 115-133.
- Danckwardt, Joachim F. (2008) "*Mulholland Drive* und *Inland Empire*. Werden oder Nichtwerden bei David Lynch"*,* in: Laszig, Parfen/ Schneider, Gerhard (Hg) *Film und Psychoanalyse. Kinofilme als kulturelle Symptome*, Gießen: Psychosozial-Verlag, 125-145.
- Davison, Anette/Sheen, Erica (Hg.) (2004) *The cinema of David Lynch. American Dreams, Nightmare Visions*, London: Wallflower Press.
- Diekmann, Stefanie (2009) „Die korrodierten Oberflächen. Über David Lynchs Fotografien und Prints", in: Spies, Werner (Hg.) *David Lynch - Dark Splendor, Raum Bilder Klang*, Ostfildern: Hatje Cantz,S. 203-212.
- Dieterle, Bernard (1988) *Erzählte Bilder: Zum narrativen Umgang mit Gemälden*, Marburg: Hitzeroth.
- Doelker, Christian (1997) *Ein Bild ist mehr als ein Bild. Visuelle Kompetenz in der Multimedia-Gesellschaft,* Stuttgart: Klett-Cotta.

- Doležel, Lubomir (1998) *Heterocosmica. Fiction and Possible Worlds,* Baltimore: John Hopkins Univ. Press.
- Donlon, Helen (2008) (Hg) *David Lynch. Talking,* Berlin: Schwarzkopf&Schwarzkopf.
- Drexler, Peter (1997) *„People call me a director, but I really think of myself as a sound man."* Überlegungen zur Tonregie in den Filmen David Lynchs. In: Goetsch, Paul/Scheunemann, Dietrich (Hg.): *Text und Ton im Film,* Tübingen: Narr, 209-225.
- Drijkonigen, Ferdinand (1998) „Auf der Suche nach Intentionen und ihren Implikationen: Das erste Manifest des Surrealismus und Poisson Souble", in: Van den Berg, Hubert/Grüttemeier, Ralf (Hg.): *Manifeste: Intentionalität,* Amsterdam: Rodopi, 119-140.
- L'Écotais, Emmanuelle de (1998) *Man Ray. Das photopraphische Werk,* München: Schirmer/ Mosel.
- Felix, Jürgen (Hg) (2002a) *Die Postmoderne im Kino. Ein Reader,* Marburg: Schüren .
    - (2002b) „Ironie und Identifikation. Die Postmoderne im Kino, in: Felix, Jürgen (Hrsg): *Die Postmoderne im Kino. Ein Reader,* Marburg: Schüren 2002, S. 153-179.
    - (2007) „Autorenkino", in: Felix, Jürgen (Hrsg.): *Moderne Film Theorie,* Mainz: Bender.
- Finkelstein, Haim (2007) *The Screen in Surrealist Art and Thought,* Hampshire: Ashgate.
- Fischer, Robert (1997) *David Lynch,* München: Heyne.
- Freud, Sigmund (2010a) *Das Unheimliche,* auf: http://www.gutenberg.org/files/34222/34222-h/34222-h.htm (01.02.2014).
    - (2010b) *Die Traumdeutung,* Hamburg: Nikol.
- Früchtl, Josef (2009) „Den Glauben an die Welt fiktiv wiederherstellen. Zu einer These aus dem Kino-Buch von Gilles Deleuze", in: Koch, Gertrud/ Voss, Christiane (Hrsg.) *„Es ist, als ob". Fiktionalität in Philosophie, Film- und Medienwissenschaft,* München: Fink, 13-26.
- Gaehtgens, Thomas W. (2009) „Schönheit und Schaudern in der Kunst von David Lynch", in: Spies, Werner (Hg.) *David Lynch - Dark Splendor, Raum Bilder Klang,* Ostfildern: Hatje Cantz, 69-82.

- Gaube, Uwe (1978) *Film und Traum. Zum präsentativen Symbolismus*, München: Fink.
- Genette, Gérard (1992) *Fiktion und Diktion,* München: Fink.
- (1998) *Die Erzählung*, München: Fink.
- (2004) *Métalepse. De la figure à la fiction*, Paris: Éd. du Seuil.
- Geisel, Moritz (2003) „Transformationen. Luis Buñuel und die Surrealisten träumen", in: Karrer, Leo/ Martig, Charles (Hg.) *Traumwelten. Der filmische Blick nach innen,* Marburg: Schüren (= Film und Theologie Bd. 4), 91-118.
- Gohr, Siegfried (2009) *Magritte. Das Unmögliche versuchen*, Köln: Dumont.
- Harper, Graeme (2007) (Hg.) *The unsilvered Screen. Surrealism on Film,* London: Wallflower Press.
- Hauthal, Janine/ Nadj, Julijana/ Nünning, Ansgar/ Peters, Henning (2007) „Metaisierung in Literatur und anderen Medien: Begriffserklärungen, Typologien, Funktionspotentiale und Forschungsdesiderate", in: Hrsg.v.dens.: *Metaisierung in Literatur und anderen Medien. Theoretische Grundlagen, historische Perspektiven, Metagattungen, Funktionen*, Berlin/New York: de Gruyter, 1-21 (= spectrum Literaturwissenschaft Bd.12).
- Hausken, Liv (2004) „Textual Theory and Blind Spots in Media Studies", in: Ryan, Marie-Laure (Hrsg): *Narrative Across Media. The languages of Storytelling*, Lincoln: University of Nebraska Press, 391-403.
- Heath, Stephen (2000) „Kino und Psychoanalyse" in: Eppsteiner, Barbara/ Sierek, Karl (Hg.) *Der Analytiker im Kino. Siegfried Bernfeld Psychoanalyse Filmtheorie*, Frankfurt a.M./ Basel: Stroemfeld.
- Heiß, Nina (2011) *Erzähltheorie des Films*, Würzburg: Königshausen&Neumann (= Film – Medium – Diskurs, Bd. 38).
- Helbig, Jörg (1998) (Hg.) *Intermedialität. Theorie und Praxis eines interdisziplinären Forschungsgebiets,* Berlin: Erich Schmidt.
  - (2006) (Hg.): *„Camera doesn't lie": Spielarten erzählerischer Unzuverlässigkeiten im Film*, Trier: WVT Wissenschaftlicher Verlag Trier.
- Hensel, Thomas/ Krüger, Klaus/ Michalsky, Tanja (2006) (Hg.) *Das bewegte Bild. Film und Kunst,* München: Fink.
- Herget, Sven (2009) *Spiegelbilder. Das Doppelgängermotiv im Film*, Marburg: Schüren.
- Höltgen, Stefan (2001) *Spiegelbiler. Strategien der ästhetischen Verdopplung in den Filmen von David Lynch*, Hamburg: Kovač.

- Jahraus, Oliver/ Scheffer, Bernd (2004) *Wie im Film. Zur Analyse populärer Medienereignisse*, Bielefeld: Aisthesis.
- Jahraus, Oliver (2004) „Bewusstsein: wie im Film! Zur Medialität von Film und Bewusstsein", in: ders (Hg) *Wie im Film. Zur Analyse populärer Medienereignisse*, Bielefeld: Aisthesis, 77-99.
- Jannidis, Fotis et al (Hg.) (1999) *Rückkehr des Autors. Zur Erneuerung eines umstrittenen Begriffs*, Tübingen: Niemayer (= Studien und Texte zur Sozialgeschichte der Literatur Bd. 71).
- Jerslev, Anne (1996) *David Lynch. Mentale Landschaften*, Wien: Passgen.
- Kamp, Werner (1999) „Autorenkonzepte in der Filmkritik", in: Jannidis, Fotis et al (Hg.): *Rückkehr des Autors. Zur Erneuerung eines umstrittenen Begriffs*, Tübingen: Nemayer (= Studien und Texte zur Sozialgeschichte der Literatur Bd. 71), 441-464.
- Karrer, Leo/ Martig, Charles (Hg.) (2003) *Traumwelten. Der filmische Blick nach innen*, Marburg: Schüren (= Film und Theologie Bd. 4)
- Kaul. Susanne/ Pamlier, Jean-Pirre/ Skrandies, Timo (2009) (Hg.) Erzählen im Film. Unzuverlässigkeit. Audiovisualität. Musik, Bielefeld: transcript.
- Kaul, Susanne/ Palmier, Jean-Pierre (2011) *David Lynch. Eine Einführung in seine Filme und Filmästhetik*, München/Paderborn: Fink.
- Kemp, Wolfgang (1989) (Hg) *Der Text des Bildes: Möglichkeiten und Mittel eigenständiger Bilderzählung*, München: Edition Text u. Kritik (= Literatur und andere Künste, Bd.4)
- Klimek, Sonja (2010) *Paradoxes Erzählen. Die Metalepse in der phantastischen Literatur*, Paderborn: mentis.
- Koch, Gertrud/ Voss, Christiane (Hg.) (2009) *„Es ist, als ob". Fiktionalität in Philosophie, Film- und Medienwissenschaft*, München: Fink.
- Koebner, Thomas (1998) „Erzählen im Irrealis. Zum Neuen Surrealismus im Film der sechziger Jahre. Eine Problemskizze", in: Dieterle, Bernard (Hg.) *Träumungen. Traumerzählung in Film und Literatur*, St. Augustin: Gardez! (= Filmstudien, Bd.9), 71-91.
- (2005) „Was stimmt denn jetzt? ›Unzuverlässiges Erzählen‹ im Film", in: Liptay, Fabienne/ Wolf, Yvonne (Hg.): *Was stimmt denn jetzt? Unzuverlässiges Erzählen in Literatur und Film*, München: Ed. Text+Kritik, 19-38.
- Koschatzky, Walter (1984) *Die Kunst der Photographie. Technik, Geschichte, Meisterwerke*, Salzburg/Wien: Residenz-Verlag.

- Kukkonen, Karin (2011) „Metalepsis in Popular Culture: An Introduction", in: Klimek, Sonja / Kukkonen, Karin (Hg.) *Metalepsis in Popular Culture*, Berlin/ New York: de Gruyter.
- Kyrou, Ado (1985) *Le surréalisme au cinema*, Paris: Ramsay.
- Laass, Eva (2006) „Krieg der Welten in Lynchville. Mulholland Drive und die Anwendungsmöglichkeiten und –grenzen des Konzepts narrativer Unzuverlässigkeit", in: Helbig, Jörg (Hg.): *„Camera doesn't lie": Spielarten erzählerischer Unzuverlässigkeiten im Film*, Trier: WVT Wissenschaftlicher Verlag Trier, 251-284.
- *La révoluton surréaliste. Coll. Compl.* (1975), Paris: Place.
- Lacan, Jacques (1975) „Das Spiegelstadium als Bildner der Ichfunktion. Wie sie uns in der psychoanalytischen Erfahrung erscheint", in: Haas, Nordert (Hg) *Jacques Lacan. Schriften I*, Baden-Baden: Suhrkamp, 61-70.
- Lahde, Maurice (1998) „'We live inside a dream.' David Lynchs Filme als Traumerfahrungen", in: Pabst, Eckhard (Hg.) „A Strange World." Das Universum des David Lynch, Kiel: Ludwig, 95-112.
- Laszig, Parfen/ Schneider, Gerhard (Hg) *Film und Psychoanalyse. Kinofilme als kulturelle Symptome*, Gießen: Psychosozial-Verlag.
- Lautréamont, Isidore Ducasse Comte de (1890) *Les Chants de Maldoror*, Kindle-Edition.
- Lessing, Gotthold Ephraim (2010) *Laokoon – oder rüber die Grenzen der Malerei und Poesie*, Stuttgart: Reclam.
- Lesch, Walter (2003) „Ich träume, also bin ich. Philosophische und theologische Annäherungen an Träume und Wünsche", in: Karrer, Leo/ Martig, Charles (Hg.) *Traumwelten. Der filmische Blick nach innen*, Marburg: Schüren (= Film und Theologie Bd. 4), 11-29.
- Liptay, Fabienne/ Wolf, Yvonne (Hg.) (2005) *Was stimmt denn jetzt? Unzuverlässiges Erzählen in Literatur und Film*, München: Ed. Text+Kritik.
- Liptay, Fabienne (2005) „Auf Abwegen – oder wohin führen die Erzähltstraßen in den ›Roadmovies‹ von David Lynch?", in: Liptay, Fabienne/ Wolf, Yvonne (Hg.): *Was stimmt denn jetzt? Unzuverlässiges Erzählen in Literatur und Film*, München: Ed. Text+Kritik, 307-323.
- Lommel, Michael et al (Hg.) (2008) *Surrealismus und Film. Von Fellini bis Lynch*, Bielefeld: transcript.
- Lotman, Jurij (1972) *Die Struktur literarischer Texte*, München: Fink.

- (2010) *Die Innenwelt des Denkens. Eine semiotische Theorie der Kultur*, Berlin: Suhrkamp.
- Lueken, Verena (5.12.2009) „Wo Schneemänner über ihre Zukunft rätseln", in: *Frankfurter Allgemeine Zeitung*.
- Lynch, David (1994) *Images*, München: Schirmer/ Mosel.
- (2007) *Catching the Big Fish. Mediation, Consciousness, and Creativity*, London: Penguin Group.
- MacGowan, Todd (2007) *The impossible David Lynch*, New York: Columbia Univ. Press.
- Mactaggart, Allister (2010) *The Film Paintings of David Lynch: Challenging Film Theory*, Bristol: Intellect.
- Mahler-Bungers, Annegret/ Zwiebel, Ralf (2007) „Die unbewusste Botschaft des Films. Überlegungen zur Film-Psychoanalyse", in: diess. (Hg.) *Projektion und Wirklichkeit. Die unbewusste Botschaft des Films*, Göttingen: Vandenhoeck & Ruprecht.
- Mahne, Nicole (2006) *Mediale Bedingungen des Erzählens im digitalen Raum*, Bielefeld: Peter Lang.
- (2007) *Transmediale Erzähltheorie*, Göttingen: Vadenhoeck&Ruprecht.
- Martig, Charles (2003) „Lynchville. Selbstbezüglichkeit und Irrealisierung im Werk von David Lynch" in: Karrer, Leo/ Martig, Charles (Hg.) *Traumwelten. Der filmische Blick nach innen*, Marburg: Schüren (= Film und Theologie Bd. 4), 149-168.
- Martinez, Matias (1999) „Einführung: Autor und Medien", in: Jannidis, Fotis et al (Hg.): *Rückkehr des Autors. Zur Erneuerung eines umstrittenen Begriffs*, Tübingen: Niemayer (= Studien und Texte zur Sozialgeschichte der Literatur Bd. 71), 433-439.
- Martínzes, Matías/Scheffel, Michael (2007) *Einführung in die Erzähltheorie. Eine Einführung*, München: Beck.
- McLuhan, Marshal (1994) *Die magischen Kanäle*, Dresden u.a.: Verl. d. Kunst.
- Michalsky, Tanja (2006) „David Lynch: *Lost Hihgway*. Ein filmischer Beitrag zur Medientheorie, in: Hensel, Thomas/ Krüger, Klaus/ Michalsky, Tanja (Hg.) *Das bewegte Bild. Film und Kunst*, München: Fink, 397-418.
- Münsterberg, Hugo (1996) Das Lichtspiel. Eine psychologische Studie (1916) und andere Schriften zum Kino, Hrsg. V. Jörg Schweinitz, Wien: Synema.
- Nadeau, Maurice (2002) *Geschichte des Surrealismus*, Reinbek: Rowolt.

- Nagel, Joachim (2007) *Wie erkenne ich? Die Kunst des Surrealismus*, Stuttgart: Belser.
- Nochimson, Martha P. (1997) *The Passion of David Lynch. Wild at Heart in Hollywood*, Austin: Univ. of Texas Press.
- Nünning, Ansgar/ Vera (Hg.) (2002a) *Erzähltheorie transgenerisch, intermedial, interdisziplinär*, Trier: WVT Wissenschaftlicher Verlag Trier (= WVT-Handbücher zum literaturwissenschaftlichen Studium, Bd. 5).
  - (2002b) *Neue Ansätze in der Erzähltheorie*, Trier: WVT Wissenschaftlicher Verlag Trier (= WVT-Handbücher zum literaturwissenschaftlichen Studium, Bd. 4)
  - (2002c) „Produktive Grenzüberschreitungen: Transgenerische, intermediale und interdisziplinäre Ansätze in der Erzähltheorie", in: Nünning, Ansgar&Vera (Hg.): *Erzähltheorie transgenerisch, intermedial, interdisziplinär*, Trier: WVT Wissenschaftlicher Verlag Trier (= WVT-Handbücher zum literaturwissenschaftlichen Studium Bd. 5), 1.22.
- Orth, Dominik (2005) *Lost in Lynchworld. Unzuverlässiges Erzählen in David Lynchs 'Lost Highway' und 'Mulholland Drive'*, Stuttgart: Ibidem.
- Pabst, Eckhard (1998) (Hg.) *„A Strange World."Das Universum des David Lynch*, Kiel: Ludwig.
  - (1998) „He will look where we cannot." Raum und Architektur und den Filmen David Lynchs, in: ders. (Hg) *„A Strange World." Das Universum des David Lynch*, Kiel: Ludwig, 11-30.
- Pauleit, Winfried et al. (2009) *Das Kino träumt. Projektion. Imagination. Vision*, Berlin: Betz+Fischer.
- Peters, Kathrin (2009) „Nicht-Denken, Nicht Wissen. Über das visuelle Unbewusste" in: Pauleit, Winfried et al. *Das Kino träumt. Projektion. Imagination. Vision*, Berlin: Betz+Fischer, 9-19.
- Picon, Gaëtan (1988) *Der Surrealismus. 1919-1939*, Genf: Edition d'Art Albert Skira.
- Pietsch, Volker (2008) *Persönlichkeitsspaltung in Literatur und Film. Zur Konstruktion dissoziierter Identitäten in den Werken E. T. A. Hoffmanns und David Lynchs*, Frankfurt a.M.: Lang.
- Pizzello, Stephen (o.J.) *Highway to Hell. Cinematographer Peter Deming lends creepy noir ambience to director David Lynch's latest detour, Lost Highway,*

in: http://www.thecityofabsurdity.com/losthighway/intlhdeming2.html, o.J. (01.02.2014)
- Richardson, Michael (2006) *Surrealism and cinema*, Oxford/New York: Berg.
- Robnik, Drehli (1998) „Außengeräusche. Das Intervall, das Sprechen, das Wohnen, das Sound Design und das Ganze in den Filmen von David Lynch, in: Pabst, Eckhard (Hg.) *„A Strange World." Das Universum des David Lynch*, Kiel: Ludwig, 31-46.
- Rodley, Chris (Hg.) (2006) *Lynch über Lynch*, Frankfurt a.M.: Verl. der Autoren.
- Rombes, Nicholas (2009) *Cinema in the Digital Age*, London:Wallflower.
- Rotheimer, Andreas (2004) „Lost in Celluloid oder Das Sehen nach dem Ende des Durchblicks. David Lynchs *Lost Highway* – ein Versehen", in: Jahraus, Oliver/ Scheffer, Bernd (Hg.) *Wie im Film. Zur Analyse populärer Medienereignisse*, Bielefeld: Aisthesis, 117-139.
- Ryan, Marie-Laure (1991) *Possible worlds, artificial intelligence, and narrative theory*, Bloomington: Indiana Universitiy Press.
    - (1999) *Cyberspace Textuality. Computer Technology and Literary Theory*, Bloomington: Indiana Universitiy Press.
    - (2004) *Narrative Across Media. The languages of Storytelling*, Lincoln: University of Nebraska Press.
    - (2009) „Fiktion, Kognition und Nichtverbale Medien", in: Koch, Gertrud/ Voss, Christiane (Hg.): *„Es ist, als ob". Fiktionalität in Philosophie, Film- und Medienwissenschaft*, München: Fink, S. 69-86.
- Sarane, Alexandre (1974) *Le surréalisme est le rêve*, Paris: Gallimard.
- Scheffer, Michael (2009) „Was heisst (Film-) Erzählen?", in: Kaul. Susanne/ Pamlier, Jean-Pirre/ Skrandies, Timo (Hg.) *Erzählen im Film. Unzuverlässigkeit. Audiovisualität. Musik*, Bielefeld: transcript.
- Schiebler, Ralf (1981) *Die Kunsttheorie René Magrittes*, München/ Wien: Carl Hanser.
- Schuster, Peter-Klaus (2009) „The Uncertain Houses. David Lynch in Hollywood", in: Spies, Werner (Hg.) *David Lynch - Dark Splendor, Raum Bilder Klang*, Ostfildern: Hatje Cantz,109-132.
- Schreier, Christioph (1985) *René Magritte, Sprachbilder 1927-1930*, Hildesheim/ Zürich/ New York: Georg Olms.
- Seeßlen, Georg (2007) *David Lynch und seine Filme*, Marburg: Schüren.

- Seibel, Klaudia (2002) „Cyberage-Narratologie: Erzähltheorie und Hyperfiktion", in: Nünning, Ansgar&Vera (Hrsg.): *Erzähltheorie transgenerisch, intermedial, interdisziplinär*, Trier: WVT Wissenschaftlicher Verlag Trier (= WVT-Handbücher zum literaturwissenschaftlichen Studium Bd. 5), 217-239.
- Schmid, Wolf: *Elemente der Narratologie*, Berlin/NY: Walter de Gruyter 2008.
- Schneede, Uwe M. (2006) *Die Kunst des Surrealismus. Malerei, Skulptur, Dichtung, Film*, München: Beck.
- Schneider, Gerhard (2008) „Filmpsychoanalyse – Zugangswege zur psychoanalytischen Interpretation von Filmen", in: Laszig, Parfen/ Schneider, Gerhard (Hg) *Film und Psychoanalyse. Kinofilme als kulturelle Symptome*, Gießen: Psychosozial-Verlag, 19-38.
- Spies, Werner (2003) *Der Surrealismus. Kanon einer Bewegung*, Köln: Dumont.
  - (2008a) *Der Surrealismus und seine Zeit*, Berlin: Berlin Univ. Press.
  - (2008b) *Mit Skalpell und Farbmaschine. Porträts von Max Ernst bist Gerhard Richter*, München: Hanser.
  - (Hg.) (2009) *David Lynch - Dark Splendor, Raum Bilder Klang*, Ostfildern: Hatje Cantz.
- Stauffer, Isabelle/ Keitz, Ursula von (2008) „Lob der Oberfläche. Eine Einleitung", in: Arburg, Hans-Georg von/ Brunner, Philipp et al. (Hg.) *Mehr als Schein. Ästhetik der Oberfläche in Film, Kunst, Literatur und Theater*, Zürich/Berlin: diaphanes, 13-31.
- Stewart, Garrett (2007) Framed Time. Toward a postfilmic cinema, Chicago: Univ. of Chicago Press.
- Stiglegger, Marcus (2007) „Surrealismus", in: Koebner, Thomas (Hrsg.) *Reclams Sachlexikon des Films*, Stuttgart: Reclam.
- Stutterheim, Kerstin (Hg.) (2011) *Studien zum postmodernen Kino: David Lynchs Inland Empire und Bennett Millers Capote*, Frankfurt a.M.: Lang.
- Suhrkamp. Carola (2002) Narratiologie und *Possible-Worlds Theory*: Narrative Texte als alternative Welten, in: Nünning Ansgar/Vera (Hg.) *Neue Ansätze in der Erzähltheorie*, Trier: WVT Wissenschaftlicher Verlag Trier (= WVT-Handbücher zum literaturwissenschaftlichen Studium, Bd. 4), 153-182.
- Schröder, Vera (2008) „Lynchs *Lost Highway* als surrealistischer Film", in Lommel, Michael et al (Hg.) *Surrealismus und Film. Von Fellini bis Lynch*, Bielefeld: transcript.

- Schwarz, Olaf (1998) „'The owls are not what they seem.' Zur Funktionalität 'fantastischer' Elemente in den Filmen David Lynchs, in: Pabst, Eckhard (Hg.) „A Strange World." Das Universum des David Lynch, Kiel: Ludwig, 47-68.
- Thompson, Kristin (2003) „Neoformalistische Filmanalyse", in: Albersmeier, Franz (Hg.) *Texte zur Theorie des Films*, Stuttgart: Reclam, S. 427-464.
- Tröhler, Margrit (2008) „Vom Schauwert zur Abstraktion", in: Arburg, Hans-Georg von/ Brunner, Philipp et al. (Hg.) *Mehr als Schein. Ästhetik der Oberfläche in Film, Kunst, Literatur und Theater*, Zürich/Berlin: diaphanes, 152-166.
- Waldberg, Patrick (1965) *Der Surrealismus*, Köln: DuMont.
    - (1972) *Der Surrealismus 1922-1942*, München: Ausstellungsleitung Haus der Kunst.
- Wetzel, Michael (2010) „Inframedialität – Performation als Transformation", in: Blättler, Andy et al. *Intermediale Inszenierungen im Zeitalter der Digitalisierung. Medientheoretische Analysen und ästhetische Konzepte*, Bielefeld: transcript.
- Wolf, Werner (1993) *Ästhetische Illusion und Illusionsdurchbrechung in der Erzählkunst. Theorie und Geschichte mit Schwerpunkt auf englischem illusionsstörenden Erzählen*, Tübingen: Niemeyer (= Buchreihe der Anglia Zeitschrift für englische Philologie, Bd. 32).
    - (2002) „Das Problem der Narrativität in Literatur, bildender Kunst und Musik: Ein Beitrag zu einer intermedialen Erzähltheorie", in: Nünning, Ansgar&Vera (Hrsg.): *Erzähltheorie transgenerisch, intermedial, interdisziplinär*, Trier: WVT Wissenschaftlicher Verlag Trier (= WVT-Handbücher zum literaturwissenschaftlichen Studium Bd. 5), 23-104.
- Worthman, Merten (2007) *Fährten und Falltüren. Drei Wirklichkeiten in einem Kopf: David Lynchs Film „Inland Empire"*, in: http://www.zeit.de/2007/17/InlandEmpire (01.02.2014).
- Zeul, Mechthild (2003) „Bausteine einer psychoanalytischen Filmtheorie. Zur Verhältnisbestimmung von Psychoanalyse und Film am Beispiel des Traums", in: Karrer, Leo/ Martig, Charles (Hg.) *Traumwelten. Der filmische Blick nach innen*, Marburg: Schüren (= Film und Theologie Bd. 4), 45-58.
    - (2007) *Das Höhlenhaus der Träume. Filme, Kino & Psychoanalyse*, Frankfurt a.M.: Brandes & Apsel.
- Žižek, Slavoj (2002) *The Art of the Ridiculous Sublime. On David Lynch's Lost Highway*, Washington: The Walter Chapin Simpson Center fort he Humanities.

- Zwiebel, Ralf (2008) „Der letzte Traum: Filmpsychoanalytische Überlegungen zu Stay", in: Laszig, Parfen/ Schneider, Gerhard (Hg) *Film und Psychoanalyse. Kinofilme als kulturelle Symptome*, Gießen: Psychosozial-Verlag, 207-233.

DAVID LYNCH IM *ibidem*-VERLAG

Dominik Orth

Lost in Lynchworld

Unzuverlässiges Erzählen in David Lynchs *Lost Highway* und *Mulholland Drive*

126 Seiten, Paperback. € 24,90

ISBN 3-89821-478-8

Viele Filme des amerikanischen Regisseurs David Lynch hinterlassen bei den Rezipienten ein Gefühl der Irritation. Selbst wenn das Licht im Kinosaal wieder angeht, so bleibt das Gesehene dennoch im Dunkeln. Lynch führt seine Zuschauerinnen und Zuschauer auf einem "Lost Highway" zum "Mulholland Drive" und verhindert durch seine experimentelle Erzählform die Entstehung einer kohärent erzählten Welt.

Als unzuverlässiges Erzählen bezeichnet man innerhalb der Erzählforschung das Spiel mit der Realität in der Fiktion. Dominik Orth versucht mit Hilfe dieses erzähltheoretischen Konzepts den Ursachen für die verstörende Wirkung der Filme Lynchs nachzuspüren. Ermöglicht es das narratologische Konzept des unzuverlässigen Erzählens, sich den erzählerischen Experimenten David Lynchs zu nähern? Worin liegt die Ursache, dass man als Rezipient daran scheitern muss, einige seiner Filme zu verstehen und eine zusammenhängende Handlung aus dem Gesehenen zu konstruieren?

Auf der Basis eines von Dominik Orth entwickelten Konzepts von erzählerischer Unzuverlässigkeit im Medium Film werden die Filme "Lost Highway" und "Mulholland Drive" unter diesen Gesichtspunkten einer eingehenden narratologischen Analyse unterzogen. Die daraus entwickelte spezifische Unzuverlässigkeit der untersuchten filmischen Erzählungen von David Lynch wird in Bezug zu kulturellen Diskursen gesetzt, womit die Studie den Rahmen für kulturwissenschaftliche Fragestellungen öffnet.

Oliver Schmidt

Leben in gestörten Welten

Der filmische Raum in David Lynchs ERASERHEAD, BLUE VELVET, LOST HIGHWAY und INLAND EMPIRE

190 Seiten, Paperback. € 27,90

ISBN 3-89821-806-1
ISSN 1866-3397

David Lynch gilt als einer der innovativsten und umstrittensten Regisseure der aktuellen Kinolandschaft. Als *Hollywoods böser Geist* konfrontiert er den Zuschauer mit Filmen, die der Ästhetik des Mainstream-Kinos zuwiderlaufen und von der Presse wie auch vom Publikum als fremd, irritierend und verstörend beschrieben werden. Dabei wird immer wieder von *Lynchville*, *Lynchland* oder dem *seltsamen Universum des David Lynch* gesprochen. Warum aber werden Lynchs Filme in der Rezeption oft in einer eigenen Welt angesiedelt? Und warum werden diese Welten oft als so verstörend wahrgenommen?

Oliver Schmidts Analyse des filmischen Raums von *Eraserhead*, *Blue Velvet*, *Lost Highway* und *Inland Empire* gibt einen genauen Einblick in Lynchs seltsame Filmwelten und geht den jeweils spezifischen Ursachen ihrer *inneren Gestörtheit* auf den Grund.

***ibidem*-Verlag**

Melchiorstr. 15

D-70439 Stuttgart

info@ibidem-verlag.de

www.ibidem-verlag.de
www.ibidem.eu
www.edition-noema.de
www.autorenbetreuung.de

www.ingramcontent.com/pod-product-compliance
Lightning Source LLC
Chambersburg PA
CBHW070739230426
43669CB00014B/2506